Fundamentando pedagogicamente
o Ensino Religioso

Edile Fracaro Rodrigues

Sérgio Junqueira

Fundamentando pedagogicamente o Ensino Religioso

Rua Clara Vendramin, 58 . Mossunguê
CEP. 81200-170 . Curitiba . PR . Brasil
Fone: (41) 2106-4170
www.intersaberes.com
editora@editoraintersaberes.com.br

Conselho editorial
Dr. Ivo José Both (presidente)
Dr.ª Elena Godoy
Dr. Nelson Luís Dias
Dr. Neri dos Santos
Dr. Ulf Gregor Baranow

Editora-chefe
Lindsay Azambuja

Supervisora editorial
Ariadne Nunes Wenger

Analista editorial
Ariel Martins

Análise de informação
Ísis Casagrande D' Angelis

Revisão de texto
Tiago Krelling Marinaska

Capa
Denis Kaio Tanaami

Projeto gráfico
Bruno Palma e Silva

Diagramação
Icone Ltda.

Iconografia
Danielle Scholtz

Dados Internacionais de Catalogação na Publicação (CIP)
(Câmara Brasileira do Livro, SP, Brasil)

Rodrigues, Edile Maria Fracaro
   Fundamentando pedagogicamente o ensino religioso/Edile Maria Fracaro Rodrigues, Sérgio Rogério Azevedo Junqueira. – Curitiba: InterSaberes, 2013. – (Série Ensino Religioso).

   Bibliografia.
   ISBN 978-85-8212-311-9

   1. Ensino fundamental 2. Ensino religioso 3. Ensino religioso – Formação para professores 4. Religião – Estudo e ensino I. Junqueira, Sérgio Rogério Azevedo II. Título III. Série.

12-091171   CDD-371.07

Índice para catálogo sistemático:
1. Ensino religioso: Educação   371.07

1ª edição, 2013.
Foi feito o depósito legal.
Informamos que é de inteira responsabilidade dos autores a emissão de conceitos.

Nenhuma parte desta publicação poderá ser reproduzida por qualquer meio ou forma sem a prévia autorização da Editora InterSaberes.

A violação dos direitos autorais é crime estabelecido na Lei n. 9.610/1998 e punido pelo art. 184 do Código Penal.

Sumário

Apresentação, VII

Introdução, IX

1. Ensino religioso na construção de uma identidade pedagógica, 11

    1.1 O Ensino Religioso e a educação, 13

2. O ser humano, um ser questionador, 33

    2.1 O conhecimento, 35 | 2.2 O desenvolvimento cognitivo segundo Piaget, 38 | 2.3 Vygotsky: o pensamento e a linguagem, 45 | 2.4 Wallon e a gênese da inteligência, 48

3. O ser humano, um ser sociocultural, 61

    3.1 Religião e cultura, 65

4. O ser humano, um ser investigador, 81

    4.1 A psicologia da religião, 84 | 4.2 O desenvolvimento psicossexual segundo Freud, 87 | 4.3 A complexidade da obra de Jung, 90 | 4.4 Desenvolvimento moral, 92

5. Desenvolvimento da experiência religiosa, 105

    5.1 O desenvolvimento do conhecimento religioso, 110 | 5.2 Os estágios da fé segundo Fowler, 113

6. Conhecimento Religioso: resultado de um processo, 129

Considerações finais, CLV

Referências, CLIX

Bibliografia comentada, CLXVII

Respostas das atividades, CLXXI

Sobre os autores, CLXXIII

Apresentação

Os desafios do Ensino Religioso, para que este se efetive como área de conhecimento, são inúmeros. O fato de ser facultativo para o cidadão em fase escolar, a compreensão de sua natureza e o tratamento metodológico a ser efetivado na sua prática têm sido alguns desses desafios que se apresentam.

Prosseguindo na perspectiva de se estabelecer elementos para teorizar o Ensino Religioso, procuramos identificar neste livro fatores que permitam fundamentar a disciplina como área do conhecimento. Para tal teorização, três foram os aspectos pesquisados: a antropologia, a sociologia e a psicologia da criança, visando identificar o processo do conhecimento religioso. O caminho percorrido foi o de buscar, nas literaturas especializadas, estudos já existentes sobre a fundamentação e a justificativa na área das ciências da religião que venham a favorecer a compreensão do Ensino Religioso nacional.

Este livro foi estruturado inicialmente com uma contextualização da situação do Ensino Religioso na proposta brasileira, estabelecendo elementos da identidade desse componente curricular. Em seguida, explicitando elementos que fundamentam a visão do Ensino Religioso, considerando o ser humano como foco desse processo, são apresentados os aspectos antropológicos (o ser humano, um ser questionador), sociológicos (o ser humano, um ser sociocultural) e psicológicos (o ser humano, um ser investigador). Ou seja, parte-se da perspectiva da busca que impulsiona a investigação, especialmente num movimento comunitário que gera cultura.

O aspecto do desenvolvimento da experiência religiosa também foi contemplado, na tentativa de se compreender a criança e sua relação com a fé. E, por fim, apresentamos o conhecimento religioso como resultado de todo esse processo de questionamento, convivência e investigação.

Esses aspectos contribuem para a construção do conhecimento, elaborando-se um novo componente curricular: o Ensino Religioso e sua posterior definição de conteúdos para os diferentes segmentos escolares.

INTRODUÇÃO

COMO ÁREA DO CONHECIMENTO, o Ensino Religioso tem como proposta analisar e pesquisar o campo religioso dentro de sua diversidade, a partir de uma visão ampla.

Este percurso é recente; entretanto, já encontramos alguns textos que estão estruturando teoricamente o Ensino Religioso, como, por exemplo, os da Professora Lizete Carmen Viesser, em *Um paradigma didático para o ensino religioso*[115], bem como *O Ensino Religioso na Escola*[63], do Professor Wolfgang Gruen. Uma terceira produção, *Ensino Religioso e sua relação pedagógica*[72], é uma obra que contou com a participação dos professores Dr. Sérgio Rogério Azevedo Junqueira, Dra. Rosa Gitana Krob Meneghetti e Dra. Lilian Anna Wachowicz. Destaca-se também *O fundamento epistemológico do Ensino Religioso*[35], do Prof. Dr. Domenico Costella e, mais recentemente, o livro *Ensino Religioso no ensino fundamental*[87], resultado de três grupos de pesquisa: Grupo de Pesquisa Educação e Religião (GPER), Grupo Educogitans e o Grupo Ethos, Alteridade e Desenvolvimento.

A Lei de Diretrizes e Bases da Educação Nacional convoca todos os protagonistas do movimento educacional a participarem da formação dos cidadãos, estimulando a análise política e social brasileira. É um trabalho coletivo e interdisciplinar entre alunos e professores, visando à eliminação das barreiras entre disciplinas, sem que se perca a especificidade da área do conhecimento[115]. Esses princípios implicam uma revisão de tudo o que conhecemos a respeito dos elementos envolvidos no processo de ensino-aprendizagem.

Sabemos que a Família e a Igreja são os espaços por excelência da reflexão do conhecimento religioso, mas a escola pode ser um espaço privilegiado para se realizar tais discussões. Longe de quaisquer formas de proselitismo, o espaço escolar pode dar a todo indivíduo a oportunidade de refletir sobre as questões fundamentais de sua existência, favorecendo a inserção do aluno no dia-a-dia, nas questões sociais marcantes e em um universo cultural maior.

Ao relacionar o que se aprende na escola com a realidade, o educando pode superar o senso comum que domina seu cotidiano. No entanto, parece haver uma inadequação entre as realidades encontradas em nosso mundo e os saberes fragmentados ensinados na escola.

Mas há que se perguntar: Precisa-se mesmo do Ensino Religioso?. Segundo Cortella[34],

> *uma criança não compreende a religião, seus dogmas e princípios como Teologia. No entanto, seu sentimento de religiosidade se aproxima ao mágico que tem desde sempre. Um menino com 3 ou 4 anos de idade possui um imaginário magnífico: ele se vê, se pensa, se oferece superpoderes, lança forças de inimigos ou de amigos fantasiosos. A partir de 6 ou 7 anos cria maiores bases de racionalidade e entende mais a relação de causa e efeito do mundo. Ao formar conexões, perde um pouco da credulidade e passa a inquietar-se com algumas questões fortes da vida, como: "por que isso acontece", "por que não?". Essas são formas de espiritualidade e questionamentos que, dependendo dos pais e docentes, podem ou não ser dirigidas por um canal positivo. (p. 17-18)*

Acreditamos que os conhecimentos gerados pelas tradições religiosas e o espaço escolar humanizado podem colaborar na vivência de valores e práticas sociais indispensáveis ao exercício de uma vida de cidadania plena.

Um

ENSINO RELIGIOSO NA CONSTRUÇÃO DE UMA IDENTIDADE PEDAGÓGICA

ENTRE AS QUESTÕES RELACIONADAS À educação, encontra-se o Ensino Religioso – um tema polêmico, ou, mais que isso, um embate histórico dentro da história da educação brasileira. A atual discussão do Ensino Religioso já estava inserida no processo da construção da Constituição de 1988*, ao definir, *in verbis*, essa área do conhecimento no artigo 210: "O Ensino Religioso, de matrícula facultativa, constituirá disciplina do horário normal das escolas públicas de ensino fundamental". Esse preceito constitucional está sendo cumprido em quase todos os estados brasileiros, mas sua operacionalização, tanto do artigo da Constituição como da Lei de Diretrizes e Bases da Educação Nacional, tem assumido, na maioria dos estados, a incorreção da proposta da nova concepção, por dificuldades na compreensão desse preceito da Carta Magna.[69]

Nesse contexto, o desafio de compreender os diferentes aspectos que fundamentam a estruturação do Ensino Religioso no espaço escolar surge como um problema significativo, na medida em que se busca estabelecer as balizas para a organização da formação do professor e da elaboração de subsídios para docentes e discentes.

---

* Para ler na íntegra a Constituição da República Federativa do Brasil de 1988, acesse: <http://www.planalto.gov.br/ccivil_03/constituicao/constitui%C3%A7ao.htm>.

1.1
O ENSINO RELIGIOSO E A EDUCAÇÃO

O SER HUMANO É UM agente transformador e não submisso inteiramente às forças da natureza, capaz de ampliar os limites que ela lhe impõe. Nesse contexto, deparamo-nos com condições e meios de resistência, criando formas de comunicação e linguagem, inventando e aprimorando tecnologias. Fabricamos artefatos, mas também criamos significados. Fazemos brotar as mais variadas formas de conhecimento, por meio das quais indivíduo e comunidade se modificam em níveis cada vez mais complexos.

Presente em todas as fases de nossa vida – pois, em nosso cotidiano, educamos e somos educados –, além de perpassar os diferentes espaços que ocupamos, a educação tem como objetivo contribuir para o desenvolvimento integral do ser humano, seja no exercício da cidadania, seja na sua qualificação para o trabalho.

Mas a educação também possibilita o acesso à cultura. O binômio *educação e cultura* favorece a construção da identidade nacional do brasileiro. A escola, um dos espaços privilegiados para que a educação e a cultura possam ser aprendidas e experienciadas, pode inserir o aluno, no dia-a-dia, em um universo cultural mais amplo.

Para melhor articular os saberes escolarizados, a Constituição Brasileira, em seu art. 210, estabeleceu que fossem fixados conteúdos mínimos para o ensino fundamental, assegurando a formação básica e comum do cidadão brasileiro, respeitando os valores culturais e artísticos, nacionais e regionais.

Como educar implica uma intencionalidade de formar cidadãos informados e motivados a pensar criticamente, é desejável que sejam oferecidos espaços em que os problemas sejam analisados e que soluções sejam propostas. Ao refletir sobre as questões fundamentais de sua existência, o educando pode superar o senso comum que domina seu cotidiano e intervir conscientemente nas questões sociais marcantes de sua realidade.

A escola, como local de aprendizagem, pode trabalhar as regras do espaço público democrático, buscando a superação de todo e qualquer tipo de discriminação e exclusão social, valorizando cada indivíduo e todos os grupos que compõem a sociedade brasileira, garantindo o exercício da cidadania e o direito à expressão religiosa.

Os que se preocupam com os fenômenos da religião afirmam que o homem é *naturaliter religiosus* e que a religião aparece como uma parte constante dos seres humanos, de suas vidas, em todas as épocas. Ao se ignorar a religião, ignora-se a totalidade do homem, pois sua relação com o Transcendente ou a ausência dessa relação é tão importante quanto seus aspectos afetivos, racionais e comportamentais. Como diz Croatto[36], "Sobre a base da vivência humana, ou melhor, em suas raízes, insere-se a experiência religiosa" (p. 44).

A publicação das Diretrizes Curriculares Nacionais para o Ensino Fundamental*, homologada pelo Conselho Nacional de Educação em 1998, promoveu uma significativa reformulação na compreensão e estruturação do Ensino Religioso no Brasil. Por constituir "parte integrante da

---

* Para ler o texto da Resolução CEB n° 2, de 7 de abril de 1998, que institui as Diretrizes Curriculares Nacionais para o Ensino Fundamental, acesse: <http://portal.mec.gov.br/cne/arquivos/pdf/rceb02_98.pdf>.

formação básica do cidadão" (LDBEN nº 9.394/1996*, art. 33), o Ensino Religioso, vinculado à escola e à cultura nacional, propõe a promoção do diálogo intercultural e inter-religioso, para que seja garantido o respeito à identidade e à alteridade.

Assim, o Ensino Religioso (ER) passou a ser uma das áreas do conhecimento, ou seja, um marco estruturado de leitura e interpretação da realidade, essencial para garantir a possibilidade de participação do cidadão na sociedade de forma autônoma.

O Ensino Religioso, no entanto, assumiu diferentes características legais e pedagógicas na história brasileira. Para acompanhar a história do ER no Brasil, a partir do sistema republicano, confira o quadro da página a seguir com os principais fatos que marcaram essa história:

Quadro 1 – Linha do tempo do Ensino Religioso a partir do sistema republicano brasileiro

Ano	Acontecimentos e legislação	Ações
1889	Criação do Ministério de Instrução, Correios e Telégrafos	Alterações no currículo — reestruturação da educação de acordo com a organização das ciências e dos princípios de Augusto Comte.
1891	Constituição do Regime Republicano assume a compreensão de educação laica	"Neutralidade escolar"; ausente de informação religiosa. Ensino leigo.
1910 a 1930	Esforço da Igreja Católica para aproximar-se do Estado	Tentativa de organização de partidos católicos na orientação do processo constitucional de 1934 e 1946.
1928	Governo de Minas Gerais – Lei nº 1.092	O ER é reintroduzido nas escolas mineiras.

(Continua)

* Para ler na íntegra o texto da Lei de Diretrizes e Bases da Educação Nacional, nº 9.394, de 20 de dezembro de 1996, acesse: http://www.planalto.gov.br/ccivil_03/LEIS/l9394.htm.

(Quadro 1 – conclusão)

1934	Constituição de 1934	O ER é facultativo para o aluno e obrigatório para a escola.
1941	Lei Orgânica do Ensino Secundário	Inclusão da instrução religiosa no currículo do ensino secundário, entre as disciplinas de educação geral.
1942	Elaboração e revisão dos programas para o ER	Fica explícita a finalidade do curso de religião: formar o cristão.
1946	Constituição da Segunda República	Separação entre Estado e Igreja e validação da liberdade religiosa. As famílias expressavam seu desejo no momento da matrícula do aluno.
1961	LDB n° 4.024	Homologação do ER confessional, ministrado nos horários normais de aula, sem ônus para os cofres públicos.
1967	Constituição do Regime Militar	Permanece a separação entre Estado e Igreja e a validação da liberdade religiosa.
1971	LDBEN n° 5.692	O ER é compreendido como um elemento que colaboraria na "formação moral" das gerações.
1988	"Constituição Cidadã"	Permanece a separação entre Estado e Igreja e a validação da liberdade religiosa.
1996	LDBEN n° 9.394	Favorecimento à diversidade nacional. O ER começa a incorporar diferenças e pluralidades culturais, mas permanece sem ônus para os cofres públicos.

Fonte: Adaptado de JUNQUEIRA; CORRÊA; HOLANDA, 2007.

Como a religião oficial do Império brasileiro era a Católica Apostólica Romana, no espaço escolar o Ensino Religioso era, tradicionalmente, o ensino dessa religião, conforme determinava a Constituição de 1824*

Com a proclamação da República, o ensino passou a ser laico, público,

---

* Para ler na íntegra o texto da Constituição Política do Império do Brazil (sic) de 1824, acesse: <http://www.planalto.gov.br/Ccivil_03/Constituicao/Constitui%C3%A7ao24.htm>.

gratuito e obrigatório, de modo que foi rejeitado o monopólio dessa religião sobre as demais.

Embora não tenha constado na Constituição de 1891, o Ensino Religioso passou a fazer parte da Constituição de 1934 e em todas seguintes a partir de então. A Constituição de 1934* regulamentou o Ensino Religioso como disciplina na escola pública, porém com matrícula facultativa. As Constituições de 1937†, 1946‡ e 1967§ mantiveram o Ensino Religioso como disciplina do currículo, de frequência livre para o aluno e de caráter confessional de acordo com o credo da família.

Na década de 1960, devido à pressão de diferentes manifestações religiosas e da sociedade civil organizada, surgiram grandes debates retomando a questão da liberdade religiosa. Com a manifestação do pluralismo religioso na sociedade brasileira, o modelo curricular do ER centrado na doutrinação passou a ser intensamente questionado e perdeu sua função catequética. Porém, na prática, os professores leigos e voluntários continuavam a ministrar as aulas, encaminhando-as com forte influência das tradições religiosas, com o objetivo de converter os alunos para a religião da qual comungavam.

* Para ler na íntegra o texto da Constituição da República dos Estados Unidos do Brasil de 1934, acesse: <http://www.planalto.gov.br/Ccivil_03/Constituicao/Constitui%C3%A7ao34.htm>.

† Para ler na íntegra o texto da Constituição dos Estados Unidos do Brasil de 1937, acesse: <http://www.planalto.gov.br/ccivil_03/Constituicao/Constitui%C3%A7ao37.htm>.

‡ Para ler na íntegra o texto da Constituição dos Estados Unidos do Brasil de 1946, acesse: <http://planalto.gov.br/ccivil_03/Constituicao/Constitui%C3%A7ao46.htm>.

§ Para ler na íntegra o texto da Constituição da República Federativa do Brasil de 1967, acesse: <http://planalto.gov.br/ccivil_03/Constituicao/Constitui%C3%A7ao67.htm>.

O direito do cidadão de confessar livremente a sua crença foi resguardado nas constituições da Segunda República, do Regime Militar e da chamada *Constituição Cidadã*, conforme o Quadro 1. A Constituição Cidadã, aprovada em 5 de outubro de 1988, foi a que trouxe maiores preocupações com os chamados direitos sociais, sendo considerada, assim, a mais democrática entre as Constituições brasileiras. Faz-se necessário explicitar essa dimensão da Carta Magna para compreender o caráter democrático dessa Lei, na qual o modelo de Ensino Religioso está inserido.

Considerando o art. 210 da Constituição brasileira de 1988, o Ensino Religioso foi aprovado na LDBEN n° 9.394/1996 (uma lei complementar à Constituição Federal no que se refere à educação no país) da seguinte forma:

- de matrícula facultativa (uma disciplina somente para os alunos interessados);
- ministrado nos horários normais das escolas públicas do ensino fundamental, mas sem nenhuma indicação de como se faria nas escolas da rede privada;
- sem ônus para os cofres públicos;
- oferecido de acordo com as preferências que os alunos ou responsáveis manifestassem;
- de caráter confessional ou interconfessional.

Apesar do caráter democrático da Constituição Cidadã, a promulgação da LDBEN de 1996 não contemplou as demandas da sociedade civil organizada e confirmou o ER "sem ônus para o Estado", cabendo ao corpo docente trabalhar de forma voluntária ou sustentada pelas tradições religiosas.

A concepção do Ensino Religioso, mantida até o texto original do artigo 33 da Lei de Diretrizes e Bases da Educação Nacional de 1996, era a de que o ER deveria ter um perfil relacionado às tradições religiosas e não a uma identidade pedagógica. Por esse motivo, era a única disciplina submissa a dois "senhores": autoridades escolares e autoridades religiosas, permitindo, assim, que a escola fosse espaço de contínuo proselitismo.

É importante destacar a ausência de cursos de licenciatura para professores de Ensino Religioso, o que favoreceu as tradições religiosas hegemônicas no preparo de professores por meio de cursos e da elaboração de materiais didático-pedagógicos que, em sua grande maioria, continuaram atrelados aos princípios catequéticos.

Para imprimir ao Ensino Religioso um enfoque de disciplina escolar, a nova redação do art. 33 da LDBEN 9.394, a Lei n° 9.475/1997[*], declara que:

Art. 33. O ensino religioso, de matrícula facultativa, é parte integrante da formação básica do cidadão e constitui disciplina dos horários normais das escolas públicas de ensino fundamental, assegurado o respeito à diversidade cultural religiosa do Brasil, vedadas quaisquer formas de proselitismo.

§ 1° Os sistemas de ensino regulamentarão os procedimentos para a definição dos conteúdos do ensino religioso e estabelecerão as normas para a habilitação e admissão dos professores.

§ 2° Os sistemas de ensino ouvirão entidade civil, constituída pelas diferentes denominações religiosas, para a definição dos conteúdos do ensino religioso.

---

[*] Para ler na íntegra a Lei n.° 9.475, de 22 de julho de 1997, acesse: <http://www.planalto.gov.br/ccivil_03/LEIS/L9475.htm>.

Num processo de reflexão crítica sobre a práxis que estabelece significados, o estudo e a decodificação do fenômeno religioso no contexto educativo são fatores de crescimento e de construção coletiva para professores e estudantes. Assim, o professor pode ampliar e valorizar o universo cultural dos alunos promovendo o respeito às diversas manifestações religiosas, tomando como ponto de partida o histórico da disciplina e as novas propostas para o Ensino Religioso como área de conhecimento, propondo:

- facilitar a compreensão das formas que exprimem o Transcendente na superação da finitude humana e que determinam o processo histórico da humanidade;
- viabilizar o encontro da diferença e favorecer a construção da identidade dentro da diversidade, respeitando o conhecimento revelado do professor e do aluno;
- discutir a complexidade do ser humano e possibilitar a percepção da dimensão religiosa como um compromisso histórico diante da vida e do Transcendente.

É preciso também dar atenção especial ao conteúdo abordado pelo ER. Isso implica a preocupação com os processos históricos de constituição do Sagrado, para conhecer os caminhos percorridos até a concretização de simbologias e espaços que se organizam em territórios sagrados, ou seja, a criação das tradições.

O ER tem como base de sustentação de sua estrutura cognitiva e educativa a leitura e a decodificação do fenômeno religioso. Assim, é preciso ler e decifrar as diversas linguagens – ritual, mítica, conceitual – pelas quais o ser humano expressa sua busca e concepção do Sagrado. E, como toda área do conhecimento, o ER possui uma linguagem própria, um conhecimento específico e um objetivo a ser atingido.

Ter ciência dos cinco eixos que organizam os conteúdos do ER – culturas e tradições religiosas, teologias, textos sagrados, ritos e *ethos* – é tarefa precípua do professor de Ensino Religioso, pois o interesse dessa área está em todas as crenças, bem como suas manifestações, ações, instituições, rituais e tudo que concerne ao universo religioso.

Confira no Quadro 2, a seguir, os objetivos do Ensino Religioso definidos pelo Fórum Nacional Permanente de Ensino Religioso (FONAPER):

Quadro 2 – Eixos do Ensino Religioso

Eixo	Objetivo	Temas a serem desenvolvidos
Culturas e tradições religiosas	Desenvolver os temas decorrentes da relação entre cultura e tradição religiosa.	A ideia Transcendente; a evolução da estrutura religiosa nas organizações humanas no decorrer dos tempos; a função política das ideologias religiosas; as determinações das tradições religiosas na construção mental do inconsciente pessoal e coletivo.
Teologias	Analisar as múltiplas concepções do Transcendente.	A descrição das representações do Transcendente nas tradições religiosas; o conjunto das crenças e doutrinas que orientam a vida dos fiéis das tradições religiosas; as possíveis respostas norteadoras do sentido da vida (ressurreição, re-encarnação, ancestralidade, "Nada").
Textos sagrados	Aprofundar o significado da palavra sagrada no tempo e no espaço.	A autoridade do discurso religioso fundamentado na experiência mística do emissor, que a transmite como verdade do Transcendente para o povo; a origem dos mitos e segredos sagrados e a formação dos textos; a descrição do contexto sócio-político-religioso determinante para a redação final dos textos sagrados; a análise e a hermenêutica atualizadas dos textos sagrados.

(Continua)

(Quadro 2 – conclusão)

Ritos	Buscar o entendimento das práticas celebrativas.	A descrição de práticas religiosas significantes, elaboradas pelos diferentes grupos religiosos; a identificação dos símbolos mais importantes de cada tradição religiosa e seus significados; o estudo dos métodos utilizados pelas diferentes tradições religiosas no relacionamento do indivíduo com o Transcendente, consigo mesmo, com os outros e com o mundo.
Ethos	Analisar a vivência crítica e utópica da ética humana a partir das tradições religiosas.	As orientações para o relacionamento com o outro, permeado por valores; o conhecimento do conjunto de normas de cada tradição religiosa, apresentado para os fiéis no contexto da respectiva cultura; a fundamentação dos limites éticos propostos pelas várias tradições religiosas.

Fonte: Adaptado dos Parâmetros Curriculares Nacionais do Ensino Religioso, FONAPER, 1998.

No capítulo VI, o artigo 63 da Lei de Diretrizes e Bases da Educação Nacional nº 9.394/1996 aponta que a formação dos profissionais da educação se dará:

- na formação inicial para os professores da educação básica;
- na formação pedagógica para os professores já graduados e que pretendem atuar na educação básica;
- na formação continuada para os professores em seus diferentes níveis.

Atuando em duas grandes áreas, a das Ciências da Religião e a das Ciências da Educação, os professores de ER estudam e discutem o desenvolvimento do fenômeno religioso e, ao mesmo tempo, lecionam conhecimentos no campo da sociologia, da psicologia, da antropologia, entre outras ciências, para crianças e adolescentes, procurando analisar o movimento religioso em suas diferentes facetas.

A seriedade do ER aponta para a necessidade de formação docente que possibilite uma visão dessa área do conhecimento que vá além da exposição de valores, garantindo a atuação voltada à criação de um espaço privilegiado de reflexão.

O ER, tal como é proposto, necessita de um professor formado adequadamente para desempenhar sua ação educativa. Deseja-se que tal formação proporcione uma abertura ao conhecimento e aprofundamento constante de experiências religiosas que não sejam exclusivamente as suas. Para isso, é preciso que esse professor tenha ciência da complexidade da pluralidade religiosa e disposição para o diálogo.

Dessa forma, um novo entendimento vai tomando corpo em relação à identidade do ER escolar, pois, ao assumir o Ensino Religioso na perspectiva da formação, da busca de um significado de vida, do desenvolvimento da personalidade com critérios seguros, do compromisso com a plena realização, têm-se implicações com os conteúdos e as metodologias veiculadas. Ou seja, exige-se a coerência e a consistência entre teoria e prática, entre intenções e ações, o que perpassa pela transformação de seu articulador, de seu interlocutor, de seu mediador que é o profissional da educação – o professor de Ensino Religioso atuando como catalisador, devido a sua sensibilidade, perspicácia e criatividade[70].

Diante do que foi exposto, a identidade do professor de Ensino Religioso está ligada à sua formação. Visto que estamos caminhando para uma formação específica, o diálogo, a reflexão, a pesquisa e a troca entre os pares, de maneira crítica e politizada, são fundamentais na formação desses professores, pois a educação, como prática social e histórica, transforma-se pela ação dos homens.

O desafio, portanto, está na formação de professores de ER pautada nos diversos aspectos da condição humana e suas potencialidades e que considere dialeticamente a realização pessoal do sujeito e de seu contexto social. Uma formação construída, avaliada e reconstruída para articular no espaço escolar o processo de educação que promova o reencontro da razão com a vida, que considere as necessidades vitais, as aspirações e os conhecimentos de todos os sujeitos envolvidos nesse processo.

Finalizando, o professor pode ampliar e valorizar o universo cultural dos alunos promovendo o respeito às diversas manifestações religiosas, tomando como ponto de partida o histórico da disciplina e as novas propostas para o ER como área de conhecimento. Para assumir a questão da orientação, é significativo compreender os fatos pedagógicos a partir de três dimensões: epistemológica, psicológica e didática, ou seja:

- a evolução interna da disciplina em questão;
- os dados fornecidos pela psicologia da infância e da adolescência;
- e os procedimentos do ensino.

Todas elas são interdependentes, visto que se desenvolvem em espaços de conhecimento próprios, mas que convergem no processo de ensino-aprendizagem.

Ao considerarmos a educação como um fenômeno social, torna-se importante compreender a origem e o desenvolvimento das áreas de conhecimento, especialmente no caso do Ensino Religioso, que possui uma história de escolarização ainda muito recente.

SÍNTESE

O ENSINO RELIGIOSO ASSUMIU DIFERENTES características legais e pedagógicas na história brasileira. Seu processo de alteração de caráter catequético para área de conhecimento foi lento e, por vezes, apesar da legislação, não foi aplicado na prática.

Como área de conhecimento, o Ensino Religioso propõe facilitar a compreensão das formas que exprimem o Transcendente na superação da finitude humana e que determinam o processo histórico da humanidade; viabilizar o encontro da diferença e favorecer a construção da identidade dentro da diversidade, respeitando o conhecimento revelado do professor e do aluno; discutir a complexidade do ser humano e possibilitar a percepção da dimensão religiosa como um compromisso histórico diante da vida e do Transcendente.

O estudo e a decodificação do fenômeno religioso no contexto educativo são fatores de crescimento e de construção coletiva para professores e estudantes. Ao lado de outros campos de saber, o Ensino Religioso pode acrescentar à visão sobre a realidade mais um modo de discuti-la, principalmente ao adotar uma metodologia pautada na interdisciplinaridade.

INDICAÇÃO CULTURAL

CONRACK. Direção: Martin Ritt. Produção: Harriet Frank Jr. e Martin Ritt. EUA: 20th Century Fox Film Corporation, 1974. 107 min.

A questão cultural interfere nos diferentes aspectos da sociedade, inclusive no cotidiano da escola. O personagem central do filme, o professor, procura alternativas focadas nas necessidades dos alunos, interpretadas por ele como a falta de oportunidades dos alunos participarem da cultura branca americana. A utilização desse filme pode favorecer a reflexão sobre a relação cultura escolar e o projeto pedagógico, bem como na contribuição do ER para que professores e estudantes compreendam a sociedade da qual participam.

ATIVIDADES DE AUTOAVALIAÇÃO

1 Os profissionais da educação que atuam no campo do Ensino Religioso acham-se no meio de duas grandes áreas que se ocupam de discutir e estudar a questão do desenvolvimento do fenômeno antropológico, ao mesmo tempo em que lecionam, para crianças e adolescentes, os conhecimentos no campo da sociologia, da psicologia, da antropologia e de outras ciências que analisam o movimento religioso em suas diferentes facetas.
Qual das alternativas a seguir indica essas duas áreas?
   A) Ciências Humanas e Religiosas.
   B) Teologia e Filosofia.
   C) Ciências Sociais e Teologia.
   D) Ciências da Religião e Ciências da Educação.

2 A partir da afirmativa a seguir, marque as sentenças com verdadeiro (V) ou falso (F).
O ER tem como base de sustentação de sua estrutura cognitiva e educativa a leitura e a decodificação do fenômeno religioso. Assim, é preciso:
   (   ) analisar os dados oferecidos pelas instituições religiosas no que diz respeito à busca do ser humano pelo Sagrado.

( ) ler e decifrar as diversas linguagens – ritual, mítica e conceitual – pelas quais o ser humano expressa sua busca e concepção do Sagrado.

( ) ter ciência dos cinco eixos que organizam os conteúdos do Ensino Religioso (culturas e tradições religiosas, teologias, textos sagrados, ritos e *ethos*).

( ) proporcionar uma experiência religiosa, na qual estariam contidas as diversas formas de tradições estabelecidas ao longo da história de nossas sociedades.

Agora, assinale a alternativa que apresenta a sequência correta:

A) F, V, F, F
B) F, V, V, F
C) F, F, V, V
D) V, V, V, F

3 A LDBEN (9.394/1996) pretende que o cidadão se forme na escola, tanto no aspecto cultural como no profissional. A educação da consciência religiosa é um direito do ser humano. O pressuposto é que os alunos tenham o direito de conhecer todas as dimensões da cultura. Entre as afirmativas abaixo, qual é a corretamente elaborada?

A) No espaço escolar, o processo de educação promove o desencontro da razão com a vida, pois considera as necessidades vitais, as aspirações e os conhecimentos de todos os sujeitos envolvidos nesse processo de educação.

B) O Ensino Religioso, como área do conhecimento, é uma exposição de valores que garante a criação de um espaço privilegiado de reflexão.

C) O Ensino Religioso vinculado à escola e à cultura nacional propõe a promoção do diálogo intercultural e inter-religioso para que seja garantido o respeito à identidade e à alteridade.

D) Ao se ignorar a religião, ignora-se a totalidade do homem, pois sua relação com o Transcendente ou a ausência dessa relação é tão importante quanto seus aspectos afetivos, racionais e comportamentais.

4 A partir da afirmativa do trecho a seguir, marque as sentenças com verdadeiro (V) ou falso (F).

O Ensino Religioso, proposto como área do conhecimento:

( ) Necessita de um professor formado adequadamente para desempenhar sua ação educativa.

( ) Busca uma formação que não precise aprofundar as experiências religiosas, tampouco considerar a complexidade da pluralidade religiosa e disposição para o diálogo.

( ) Necessita da construção, reflexão e socialização do conhecimento religioso que proporcione ao indivíduo sua base de formação integral, de respeito e de convívio com o diferente.

( ) Necessita do uso de uma linguagem religiosa e não pedagógica referente a cada expressão do Sagrado, que proporcione ao indivíduo sua base de formação fragmentada, de respeito e de convívio com a homogeneização religiosa.

Agora, assinale a alternativa que apresenta a sequência correta:

A) V, F, F, V
B) F, V, V, F
C) F, F, V, V
D) V, F, V, F

5 No espaço escolar, ocorre a reflexão e a sistematização de diferentes saberes com o respeito à consciência e direito à leitura religiosa do mundo, o que envolve professores e estudantes. A partir dessa afirmativa, assinale a relação mais coerente com o Ensino Religioso proposto neste capítulo:

A) Contemplar o Ensino Religioso em uma perspectiva cultural.
B) Confirmar o Ensino Religioso como doutrinador.
C) Indicar o Ensino Religioso como articulador de práticas piedosas.
D) Ratificar o Ensino Religioso como teológico.

ATIVIDADES DE APRENDIZAGEM

QUESTÕES PARA REFLEXÃO

1 Algumas das contribuições para o ER como componente curricular são: favorecer a compreensão do multiculturalismo religioso, enfocando o Sagrado e suas diferentes manifestações religiosas; proporcionar a reflexão sobre a realidade, numa perspectiva de compreensão sobre si e para o outro, na diversidade universal do conhecimento religioso; assegurar o direito à igualdade de condições de vida e de cidadania nas diferentes expressões religiosas advindas da elaboração cultural, considerando o igual direito às histórias e culturas que compõem a nação brasileira, além do direito de acesso às diferentes fontes da cultura nacional a todos os brasileiros. (SEED, 2005)

Para aprofundarmos esses aspectos, propõe-se a reflexão sobre os seguintes temas:

A) A compreensão conceitual de multiculturalismo religioso e sua interferência no cotidiano da sociedade.

B) O significado do conhecimento religioso e a relação com a cultura brasileira.

2 Elabore um texto explorando a relação do Ensino Religioso com a educação brasileira, a partir do enfoque proposto em uma dessas duas temáticas.

ATIVIDADES APLICADAS: PRÁTICA

1 Entreviste pelo menos cinco professores que atuam no Ensino Religioso e procure compreender a identidade pedagógica deste componente curricular a partir da experiência dos docentes. Pergunte a cada um:

A) Qual(is) o(s) objetivo(s) do Ensino Religioso?

B) Quais os conteúdos a serem desenvolvidos no Ensino Religioso?

2 Utilizando o referencial teórico desta unidade e as entrevistas, elabore um texto explicitando a identidade pedagógica do Ensino Religioso.

Dois

O SER HUMANO, UM SER QUESTIONADOR

O SER HUMANO É UM ser que se questiona, constantemente angustiado, e que precisa de respostas a todas as perguntas que faz e para os acontecimentos que presencia. As respostas poderão ser conquistadas por meio da evidência imediata ou por meio da justificação, num processo investigativo e de análise. Entretanto, o homem não pode ser compreendido e tratado unicamente como um ser racional e formal, mas sim como um indivíduo que pretende aprimorar seus conhecimentos e aperfeiçoar seu próprio raciocínio crítico.

Uma prática reflexiva pode ser desenvolvida a partir da conscientização de que é necessário um olhar crítico para si, para o mundo e para o outro. Considerar todos esses aspectos possibilitará múltiplas relações e interações entre os conhecimentos dos educandos, os conhecimentos religiosos dos seus colegas e aqueles apresentados pela escola, estabelecendo um contínuo processo de observação e reflexão.

2.1
O CONHECIMENTO

A CURIOSIDADE É INATA AO ser humano. O homem primitivo possuía uma visão orgânica de mundo, isto é, compreendia quase que exclusivamente a interdependência entre os fenômenos materiais e transcendentais.

O conhecimento, então, poderia ser entendido como o entrelaçamento entre razão e fé: a visão teocêntrica. Historicamente, *a posteriori*, a leitura do mundo passou a ser antropocêntrica, colocando o homem numa nova perspectiva.

A reação que o ser humano tem manifestado desde os primórdios é a tentativa de resolver sua curiosidade em relação ao objeto ou àquilo que lhe é oculto. Ele o faz porque não sabe tudo, não conhece tudo, não sabe responder a todas as suas perguntas e, principalmente, porque ele é um sujeito em contínua construção.

O ser humano busca conhecer o sentido de sua existência, como afirmam Oliveira et al.[87], "por meio de questionamentos que extrapolam as necessidades meramente biológicas, perguntando sobre a origem, o sentido e o fim das coisas e de sua própria existência" (p. 80-81).

A educação transcorre no processo histórico-cultural e se desenvolve ao lado de outras instâncias em linhas paralelas, de dinamismos autônomos, por ser diversa em suas manifestações e unitária em seu sentido. A educação, a aprendizagem e a formação histórica do homem equivalem à produção da existência, cuja base estrutural é a sua própria produção material[37].

Com efeito, nenhum conhecimento se deve somente às percepções, pois essas são sempre dirigidas e enquadradas por esquemas de ações. O conhecimento procede, portanto, dos espaços e de toda ação que se repete ou se generaliza por aplicação a novos objetos gera, por isso mesmo, um "esquema", ou seja, uma espécie de contexto prático[37].

O saber é a manifestação comportamental de estrutura interna que leva a pessoa a interagir com a realidade; essencialmente ativo, ele parte da interação entre o sujeito conhecedor e o objeto conhecido, a partir do sistema mental que organiza a realidade, o pensamento, o comportamento. Esse é um processo progressivo, no qual ocorre a incorporação da realidade pelo sujeito que a modifica, a partir da estrutura mental deste. Nesse movimento de permanente interação com o contexto, cada indivíduo, a partir de suas condições, produz, amplia, revê sua informação, organizando-a e reorganizando-a.

A relação ensino-aprendizagem é uma das preocupações didáticas fundamentais e talvez seja a questão mais polêmica nas discussões sobre aproveitamento de conteúdos, na medida em que a análise, a relação, a comparação e outras operações mentais são de fundamental importância dentro do real processo de educação.

Ao se pensar nessas questões, ocorre a reflexão sobre as possibilidades metodológicas, que poderão ser encontradas pelo professor a partir da leitura de seus grupos de trabalho na escola. Como as demais áreas do conhecimento, o ER deve levar em conta a dimensão linguística e cultural dos sujeitos. Como atesta Oliveira[89], a aprendizagem real da criança caracteriza-se pelas etapas já alcançadas, conquistadas e estabelecidas. O desenvolvimento da inteligência não é a mera adição de conhecimentos cada vez mais sofisticados; ele tem de estar ligado ao sentido da contextualização e da globalização. É preciso que a criança seja capaz de inserir os conhecimentos adquiridos no seu contexto individual e comunitário. Estamos numa época em que o global é mais importante e em que os problemas são cada vez mais universais. Todo nosso sistema de educação nos ensinou a dividir e a analisar, porém não nos educou a ligar e a relacionar, ou *religio – relegere*[12].

É preciso lembrar que não é função do Ensino Religioso escolar promover conversões, mas possibilitar um ambiente favorável para a experiência do Transcendente, com vistas a uma educação integral, atingindo as diversas dimensões da pessoa.

2.2
O DESENVOLVIMENTO COGNITIVO SEGUNDO PIAGET

PARA RESPONDER COMO SE DÁ a construção do conhecimento no adulto partindo da biologia do bebê, Jean Piaget (1896-1980) elaborou a epistemologia genética, uma teoria evolutiva do conhecimento. Elaborando testes de inteligência para crianças francesas, Piaget observou o processo da criança em estabelecer relações da parte com o todo dos objetos e as situações aí envolvidas.

Piaget e Inhelder[99] descrevem o desenvolvimento mental como um processo de estágios sucessivos: "Se a criança explica em parte o adulto, podemos dizer também que cada período do desenvolvimento anuncia, em parte, os períodos seguintes" (p. 11). Tal afirmação é ilustrada no Quadro 3 a seguir:

Quadro 3 – *Estágios do desenvolvimento intelectual segundo Piaget*

Estágio	Faixas etárias (aproximadas)
Sensório-motor	0 a 2 anos
Pré-operatório	2 a 7 anos
Operatório concreto	7 a 12 anos
Operatório formal	A partir da adolescência

Fonte: Adaptado de PALACIOS, 2004, p. 29.

2.2.1
ESTÁGIO SENSÓRIO-MOTOR (0 A 2 ANOS)

Como o nome indica, nesse estágio inicial não há ainda capacidade de abstração e a atividade intelectual é de natureza sensorial e motora. A criança recém-nascida não tem consciência do mundo físico e social como algo estável, externo e distinto do mundo inteiro. O universo é constituído de quadros perceptivos que desaparecem e reaparecem de um modo caprichoso.

A indiferenciação entre o sujeito e as suas impressões sensoriais causadas pelo objeto constituem o egocentrismo no bebê, que diminui à medida que a criança vai separando o seu próprio corpo dos objetos e termina quando ela constrói a noção do objeto. Se quisermos colaborar com a criança nesse processo, devemos lhe dar condições para que manipule uma variedade de objetos. Paulatinamente, ela poderá ir se descentrando.

A criança percebe o ambiente e age sobre ele, mas ainda não possui estrutura para pensar essa ação. Esse período é subdividido em:

- Reflexo: a criança limita-se a exercitar seu equipamento de reflexo. Por exemplo: a sucção;
- Reação circular primária: um comportamento casual da criança que leva a um resultado interessante tende a ser repetido. Por exemplo: se por um movimento acidental a criança sacode um objeto pendurado em seu berço, tende a repeti-lo, para ver novamente o objeto se mover;
- Reações circulares secundárias: enquanto a reação primária é centralizada no próprio corpo, a reação circular secundária já envolve objetos externos. O bebê começa, então, as adaptações intencionais e já aprende a recapturar objetos escondidos. A criança começa a manipular objetos;
- Coordenação de esquemas secundários: nesse estágio, a criança já encontra objetos escondidos; porém, se o objeto é escondido primeiro sob uma almofada e depois sob outra, ela persiste em

procurá-lo sob a primeira. A originalidade da criança consiste em combinar esquemas antigos para obter os resultados e não inventar novos esquemas;
- Reações circulares terciárias: nesse momento, a criança começa a experimentar ativamente novos comportamentos. Por exemplo: ela joga ativamente de várias alturas miolo de pão no chão e observa os resultados. Ela também já é capaz de imitar ações inteiramente novas, enquanto que no estágio anterior só era capaz de imitar quando o comportamento do modelo já existia em seu repertório;
- Início do simbolismo: esse subestágio representa uma transição para o estágio pré-operacional e traz grande realização do início da linguagem. O bebê, que nos estágios anteriores já chegava ao progresso de inventar novos meios de lidar com o ambiente, estando, porém, sempre restrito aos dados da experiência, começa agora a usar símbolos mentais e palavras para se referir aos objetos ausentes.

2.2.2
ESTÁGIO PRÉ-OPERACIONAL (2 A 7 ANOS)

O principal progresso desse período em relação ao sensório-motor é o desenvolvimento da capacidade simbólica. Nessa fase, a criança já não depende unicamente de suas sensações, de seus movimentos, mas já distingue um significante (imagem, palavra ou símbolo) daquilo que ele significa (objeto ausente), o significado. Esse período é também a época em que há uma verdadeira "explosão lingüística".

Características da criança no pensamento pré-operacional:
- Egocentrismo: a criança não tem condições de colocar-se no lugar do outro;

- Centralização: focaliza apenas uma dimensão do estímulo, centralizando-se nele e sendo incapaz de levar em conta mais de uma dimensão ao mesmo tempo;
- Estados e transformações: o pensamento pré-operacional é estático e rígido. A criança fixa impressões de estados momentâneos, mas não consegue juntar uma totalidade de condições sucessivas em um todo coerente e integrado em que leve em conta as transformações que unificam essas partes isoladas;
- Desequilíbrio: esse período é um tempo em que há um desequilíbrio e as acomodações predominam marcadamente sobre as assimilações. Parece que a maioria dos estímulos com que se defronta exige da criança mudanças radicais em suas maneiras de lidar com o mundo. É por isso que a criança nessa fase diz tantas coisas que parecem diferentes do pensamento do adulto, ilógicas ou mesmo que nos fazem achar graça;
- Irreversibilidade: a característica mais distintiva do pensamento pré-operacional parece ser a irreversibilidade. Esse conceito refere-se à incapacidade da criança de entender que certos fenômenos são reversíveis, isto é, que quando fazemos uma transformação, podemos também desfazê-la e reinstaurar o estágio original. Um dos conceitos ligados à reversibilidade é o de invariância. Refere-se à noção de que certas coisas não se alteram quando mudamos o valor de atributos irrelevantes – por exemplo: a quantidade de massa não se altera quando mudamos a forma;
- Raciocínio transdutivo: esse raciocínio caracteriza-se por chegar a conclusões partindo do particular e chegando ao particular, enquanto que o adolescente ou o adulto usam o raciocínio dedutivo (do geral para o particular) ou o indutivo (do particular para o geral);

- Realismo nominal: a criança manifesta dificuldade de distinção entre nomes e objetos, tendendo a atribuir às palavras características daquilo que elas representam. Sua atitude é exageradamente concreta – por exemplo: os sonhos, os nomes e os pensamentos são percebidos como entidades tangíveis.
- Animismo: atribuição de vida a seres inanimados.
- Antropomorfismo: atribuição de características humanas a seres não humanos.

A representação mental, ou inteligência representativa, inaugurada com a função simbólica, é muito importante no processo de desenvolvimento cognitivo, porque exige respostas ao estímulo do meio, que não se dá mais a partir da ação e sim do pensamento, da representação mental do que acontece, do que aconteceu e do que virá a acontecer. Essa assimilação e a consequente acomodação implicam a ampliação e/ou reestruturação dos esquemas anteriormente formados. A representação permite à criança compreender melhor a realidade e o agir sobre ela, adaptando-a e adaptando a si próprio.

Durante tal processo, ocorre a compreensão de diferentes significados (formação de conceitos) e a construção de significantes próprios, enriquecedores da linguagem e da expressão da criança. A descoberta da realidade próxima intensifica a interação entre o sujeito e o meio. A criança imita, simboliza e joga satisfazendo suas necessidades e mantendo seu equilíbrio afetivo e intelectual. Forma e reestrutura conceitos; enriquece e amplia sua linguagem oral; ganha expressão; enfim, intensifica o pensar, buscando respostas que a conduzem ao estágio operatório concreto.

2.2.3
Estágio operatório-concreto (7 a 12 anos)

A partir desse período, percebe-se na criança a capacidade organizativa de assimilar informações de forma mais rica e integrada, funcionando em equilíbrio com um mecanismo de acomodação. O indivíduo domina as operações em uma ação interiorizada que se torna reversível para se coordenar com outras na forma de estruturas operatórias. Assim, as ações são somadas, subtraídas, multiplicadas e divididas, formando sistemas de operações responsáveis pelo aparecimento de noções como substância, peso, volume, espaço, série, classe, número etc., definidas ou expressas, de agora em diante, por meio da linguagem.

A evocação representativa manifesta-se por meio de cinco tipos de conduta, de complexidade crescente, a saber:

- Imitação diferida: capacidade de imitar o modelo ausente;
- Jogo simbólico: representação envolvendo gestos imitativos e objetos simbólicos;
- Desenho: imagem gráfica, intermediária entre o jogo e a imagem mental;
- Imagem mental: capacidade de simbolizar o objeto como imitação interiorizada;
- Linguagem: evocação verbal de acontecimentos.

O jogo simbólico é importantíssimo para o desenvolvimento humano, porque propicia à criança equilíbrio afetivo e intelectual, isto é, assimilação do real ao "Eu", sem coações nem sanções, preparando-a para as futuras aprendizagens que dependem da compreensão da ideia de símbolos, como as letras e os números.

Como, nesse período, a criança só constrói essas noções a partir da ação dos sujeitos sobre os objetos reais, a inteligência é concreta. O sistema de operações, uma vez elaborado, constitui um instrumento para a incorporação do mundo físico e social.

É a construção dos sistemas de operações relativos à conservação da quantidade, às séries, classes, número, espaço etc., que permite a compreensão da realidade e sua nomeação por meio de palavras, na forma utilizada pelo adulto.

2.2.4
ESTÁGIO OPERATÓRIO FORMAL
(A PARTIR DA ADOLESCÊNCIA)

A principal tarefa desse período é aprender como pensar a respeito de ideias tanto quanto de objetos. As ideias podem ser classificadas e organizadas. Da mesma forma que os objetos, elas podem ser manipuladas com muito mais flexibilidade.

Um dos primeiros passos nesse processo é estender as habilidades de raciocínio aos objetos e situações que nunca foram vistos ou vivenciados diretamente. Começa-se a pensar sobre coisas imaginárias e ocorrências possíveis em vez de apenas pensar sobre coisas e ocorrências reais.

Outra faceta da mudança das operações concretas para as formais refere-se à passagem de uma lógica indutiva para a dedutiva. Para Carretero e León[29], "embora antes da adolescência as crianças sejam capazes de um certo pensamento abstrato, é na adolescência que estas abstrações adquirem a forma de hipótese" (p. 326). Para os autores, o adolescente formula todo um conjunto de explicações possíveis e depois as submete à prova por meio de confirmação empírica. Assim, nesse estágio, os sujeitos utilizam proposições verbais (hipóteses e raciocínios) e resultados obtidos.

Embora os estágios de desenvolvimento cognitivo identificados por Piaget estejam associados às faixas de idade, eles variam para cada indivíduo. Conhecer o desenvolvimento cognitivo facilita a proposição de atividades ou situações que envolvam os educandos.

2.3

VYGOTSKY: O PENSAMENTO E A LINGUAGEM

DANDO MAIOR ÊNFASE À CULTURA do que à herança biológica e propondo uma abordagem sócio-histórica do desenvolvimento humano, Vygotsky (1896-1934) preconizou que, pela mediação de instrumentos que se interpõem entre estímulo e resposta, o homem atua sobre os estímulos, transformando-os e não apenas respondendo-os[90], pressupostos estes que formaram a base do construtivismo.

O conceito central da teoria de Vygotsky é o da Zona de Desenvolvimento Proximal, que se refere ao desenvolvimento atual da criança (nível de desenvolvimento efetivo ou real) e ao desenvolvimento que poderá atingir (nível de desenvolvimento potencial) ao resolver problemas com auxílio do professor e de outras pessoas. Assim, considera-se que todas as crianças podem fazer mais do que o conseguiriam fazer por si sós. A criança fará amanhã, sozinha, aquilo que hoje é capaz de fazer em cooperação. Matui[78] afirma que "a área de desenvolvimento proximal compreende funções mentais ou operações mentais em amadurecimento" (p. 120).

Para Vygotsky, citado por Oliveira[90], as crianças aprendiam tudo aquilo que constituía as características comuns da sua cultura, pois "é a cultura que fornece ao indivíduo os sistemas simbólicos de representação da realidade e, por meio deles, o universo de significações que permite construir uma ordenação, uma interpretação, dos dados do mundo real" (p. 27).

A linguagem tem um papel definitivo na organização do raciocínio, pois, de acordo com Vygotsky, a linguagem humana é um sistema simbólico importante para a mediação entre sujeito e objeto, tendo duas funções básicas: "a de intercâmbio social e a de pensamento generalizante" (p. 27)[90]. A linguagem do grupo cultural ao qual a criança pertence conduzirá o processo de formação de conceitos. Interagindo simultaneamente com o mundo e as formas de organização fornecidas pela cultura, o sujeito internalizará tais dados ao longo do seu desenvolvimento, os quais se constituirão em material simbólico. Dessa forma, mitos, contos de fadas, canções e histórias podem contribuir para o processo de socialização da criança em sua respectiva cultura.

O desenvolvimento da linguagem é consequência do desenvolvimento do pensamento. À proporção que os esquemas mentais se ampliam e se estruturam, a linguagem se aperfeiçoa. O indivíduo busca enriquecer e ampliar seu vocabulário para expressar seu pensamento. Portanto, quanto maior o número de situações "conflitivo-cognitivas" propiciadas ao aluno, melhor será o desenvolvimento de sua linguagem e a qualidade de sua expressão oral e vice-versa.

Na descrição de Vygotsky, citada por Palacios[93], não existem estágios evolutivos como existem para Piaget e Freud,

> *mas o desenvolvimento segue um curso sociogeneticamente mediado e depende dos processos de aprendizagem que ocorrem no duplo*

e complementar plano da interação educativa e da participação em situações cultural e socialmente organizadas, entre as quais a escolarização tem um papel-chave em diversas culturas. (p. 38-39)

Segundo Pozo[102], a teoria de Vygotsky a respeito da aprendizagem mantém-se atual por integrar os processos de associação e reestruturação em "uma teoria unitária da aprendizagem" (p. 193).

A aprendizagem, para Vigotsky, ocorre muito antes da chegada da criança à escola e favorece o desenvolvimento das funções mentais. Já para Piaget, a aprendizagem depende do estágio de desenvolvimento atingido pelo sujeito.

Enquanto sob a perspectiva piagetiana o conhecimento se dá a partir da ação do sujeito sobre a realidade, para Vygotsky esse mesmo sujeito não só age sobre a realidade como interage com ela, construindo seus conhecimentos a partir das relações intra e interpessoais. É na troca com outros sujeitos e consigo próprio que ele internaliza conhecimentos, papéis e funções sociais. Enquanto, para Piaget, a aprendizagem depende do estágio de desenvolvimento atingido pelo sujeito, para Vygotsky, a aprendizagem favorece o desenvolvimento das funções mentais.

Entretanto, apesar das diferenças entre a posição teórica dos dois cientistas, ambos ressaltam a necessidade de compreensão da gênese dos processos cognitivos. Eles também valorizam a interação do indivíduo com o ambiente e o veem como sujeito que atua no próprio processo de desenvolvimento.

É preciso ter sempre em mente o pressuposto básico do construtivismo: o conhecimento é construído pelo próprio sujeito (aluno) num processo de interação com o objeto de conhecimento. Cabe ao professor atuar nesse processo como elemento que irá interagir, facilitar, sistematizar e estimular o processo pedagógico.

Uma situação de aprendizagem, como atesta Franco[54], é a que apresenta questões de construção e de reconstrução que façam o indivíduo pensar, analisar o seu fazer e optar por permanecer como está ou mudar. Essa reflexão pode contribuir para que o professor de Ensino Religioso atue no processo de desenvolvimento de seus alunos, de maneira que suas aulas não se tornem apenas momentos de informação sobre religião, mesmo porque seu objetivo é muito mais amplo e está voltado à construção do "ser religioso".

Portanto, é interessante perceber que os objetos, seres e gestos tornam-se religiosos quando o ser humano os nomeia como tais. A religião nasce com o poder que esses mesmos seres humanos designam a esses objetos e gestos, explicitando sua força, a ponto de o destino das pessoas, sua vida e sua morte assumirem novos sentidos.

2.4
WALLON E A GÊNESE DA INTELIGÊNCIA

A TEORIA DO DESENVOLVIMENTO COGNITIVO de Wallon (1879-1962) tem como foco a psicogênese da pessoa completa[84]. A visão walloniana da pessoa como ser social começou a ter uma grande influência na psicologia evolutiva depois de 1960. Entendendo que o homem é fruto da sua forma de entender o todo, para Wallon a família é o grupo natural em que a criança experimenta as primeiras relações e sentimentos sociais, iniciando, assim, seu processo de aprendizagem. À medida que se desenvolve e ingressa na vida escolar, a criança aumenta seu contato com novos grupos que orientarão sua formação.

Os estudos de Wallon consistiam em observar crianças com retardo, epilepsia e anomalias psicomotoras em geral. Nesse campo também pesquisou lesões cerebrais, tema de inúmeras publicações que lhe garantiram notoriedade por iniciar os estudos sobre neurologia a partir de problemas patológicos. Para Wallon, de acordo com Oliveira e Rodrigues[84], a estrutura orgânica do ser humano supõe a intervenção da cultura para uma atualização. Assim, a gênese da inteligência seria genética e organicamente social, com destaque para a afetividade no processo da aprendizagem.

Dirigindo o foco de sua análise para a criança, Wallon busca compreender as emoções em toda a sua complexidade e, como diz Galvão[59], "revela que é na ação sobre o meio humano, e não sobre o meio físico, que deve ser buscado o significado das emoções" (p. 59). A emoção é social e alimenta-se das reações que provoca nos outros e no ambiente. Porém, a atividade intelectual pode diminuir os efeitos da emoção, que tendem a se dissipar diante de uma atividade reflexiva.

Para Dantas[38], a emoção é raramente enfrentada pela reflexão pedagógica, por ser descrita "como potencialmente anárquica e explosiva, imprevisível, e por isso, assustadora" (p. 88).

Ainda para essa autora[38],

A longa fase emocional da infância tem sua correspondente na história da espécie; nas associações humanas mais primitivas, o contágio afetivo supre, pela criação de um vínculo poderoso para a ação comum, as insuficiências da técnica e dos instrumentos intelectuais. [...] As culturas primitivas dispõem de rituais capazes de desencadear disposições coletivas para o combate: as danças guerreiras são geralmente coreografias em que o elemento preponderante é o rítmico, precisamente aquele capaz de gerar excitação devido à elevação do tônus. (p. 89)

Ao indicar o papel relacional e social da motricidade da criança, Wallon destacou que as funções tônico-posturais transformam-se em funções de relação gestual e corporal. Para Galvão[59], essa perspectiva da motricidade expressiva é que dá a dimensão afetiva do movimento que orienta as bases do futuro relacional e emocional da criança.

A função postural está ligada à atividade intelectual e sustenta a atividade de reflexão mental. Já a função tônica está intimamente ligada à percepção. Como afirma Galvão[59], "o desenvolvimento da dimensão cognitiva do movimento torna a criança mais autônoma para agir sobre a realidade exterior" (p. 73).

Wallon compartilha com Piaget e Freud a ideia de que o desenvolvimento é um processo de estágios sucessivos[93]. No entanto, o objeto de seu interesse é a evolução emocional, intelectual e social do indivíduo, diferentemente dos outros autores cujo interesse, segundo Palacios[93], volta-se para a "evolução de um aspecto do psiquismo (seja ele a libido ou a inteligência)" (p. 29).

Wallon apresenta cinco estágios de desenvolvimento do ser humano, os quais envolvem crises e conflitos alternantes que devem ser resolvidos pela criança. Essas alternâncias funcionais promovem sempre um novo estado, que permite um ponto de partida para um novo ciclo. Cada fase predominante é um processo permanente de integração e diferenciação e integra as conquistas realizadas pela outra fase, construindo-se reciprocamente. As crises evolutivas, que não são lineares nem uniformes, intercalam o desenvolvimento da criança e reestruturam sua conduta.

As funções orgânicas são responsáveis pela sequência fixa entre os estágios de desenvolvimento. No entanto, pode haver uma transformação pelas circunstâncias sociais e escolhas voluntárias do sujeito. Essas transformações podem alterar a duração de cada estágio e as idades correspondentes são referências variáveis e relativas.

Galvão[59] aponta que, para Wallon, o desenvolvimento humano é visto como uma "construção progressiva em que se sucedem fases com predominância alternadamente afetiva e cognitiva" (p. 43). Cada fase tem uma peculiaridade, que Galvão denomina de "colorido próprio, uma unidade solidária que é dada pelo predomínio de um tipo de atividade" (p. 43). Acompanhe os estágios wallonianos no quadro a seguir:

Quadro 4 – Estágios wallonianos

Estágio	Característica
Impulsivo-emocional (primeiro ano de vida)	A predominância da afetividade e da emoção orienta as primeiras reações do bebê em relação às pessoas, sendo estas que fazem a interação da criança com o meio físico.
Sensório-motor e projetivo (até os 3 anos)	A criança ganha autonomia na manipulação de objetos e na exploração dos espaços pela aquisição da marcha e da preensão. É nesse estágio que ocorre o desenvolvimento da função simbólica e da linguagem. O termo projetivo refere-se ao fato de que o pensamento precisa de gestos para ser exteriorizado. Predominância das relações cognitivas.
Personalista (3 a 6 anos)	A tarefa central é o processo de formação da personalidade. Por meio das interações sociais, a criança tem seu interesse reorientado para as pessoas, retornando, assim, à predominância das relações afetivas.

(Continua)

(Quadro 4 – conclusão)

Categorial (a partir dos 6 anos)	Os progressos intelectuais dirigem o interesse da criança para o conhecimento e conquista do mundo exterior. Sua conduta incorpora as conquistas cognitivas. Assim, nessa fase, o aspecto cognitivo predomina nas relações da criança com o meio.
Adolescência	A puberdade rompe a "tranquilidade" afetiva que caracteriza o estágio anterior. Ocorre uma nova definição dos contornos da personalidade, desestruturados devido às modificações corporais resultantes da ação hormonal. Questões pessoais, morais e existenciais são trazidas à tona.

Fonte: GALVÃO, 1995, p. 43-44.

Compreender a criança em seu contexto possibilita a percepção de que em cada idade "estabelece-se um tipo particular de interações entre o sujeito e seu ambiente. Os aspectos físicos do espaço, as pessoas próximas, a linguagem e os conhecimentos próprios a cada cultura formam o contexto do desenvolvimento"[59] (p. 39).

As atividades escolares não podem ser limitadas à seleção de conteúdos, mas podem viabilizar interações sociais. Nesse sentido, os jogos trabalham o papel comunicativo da linguagem, a aprendizagem das convenções sociais e a aquisição de habilidades sociais.

Segundo Silva e Lautert[108], para Wallon os jogos contribuem para o desenvolvimento da criança e podem ser assim classificados:

- **Jogos funcionais**: consistem em atividades que buscam um efeito (ex.: mover os dedos, tocar objetos, produzir ruídos e sons, dobrar os braços ou as pernas etc.);
- **Jogos de ficção**: consistem em atividades que aproximem a criança

de certas definições mais diferenciadas (ex.: jogo de bonecas, de cavalo-de-pau etc.);
- **Jogos de aquisição**: consistem em atividades que se relacionem com a capacidade de olhar, escutar e realizar esforços para perceber, compreender relatos, canções, seres, coisas, imagens etc.;
- **Jogos de fabricação**: consistem em atividades para agrupar objetos, construir, modificar, transformar e criar outros.

A psicogenética de Wallon propõe uma prática que possibilite o processo de construção da personalidade, valorizando a dimensão estética e a expressão do "Eu". Diante do exposto, precisamos considerar que tratar a criança de forma fragmentada é contrariar a sua natureza.

Freire e Faundez[57] apontam que a inquietação dos educandos, suas dúvidas e curiosidades sobre o desconhecido são os desafios postos para uma experiência reflexiva e enriquecedora tanto para o professor quanto para os alunos. As perguntas sobre um tema podem proporcionar ao professor e ao aluno um ângulo diferente, que lhes proporcionará um aprofundamento e uma reflexão mais crítica. E Freire e Faundez[57] acrescentam:

> *Insistamos, porém, em que o centro da questão não está em fazer com a pergunta "o que é perguntar" um jogo intelectual, mas viver a pergunta, viver a indagação, viver a curiosidade, testemunhá-la ao estudante. O problema que na verdade se coloca ao professor é o de, na prática, ir criando com os alunos o hábito, como virtude, de perguntar, de "espantar-se".* (p. 25)

Um professor que se coloca nessa posição considera todas as perguntas, incentiva a curiosidade do educando, mesmo quando a pergunta lhe pareça ingênua ou mal colocada, pois sempre há uma razão para aquela pergunta. Cabe ao professor ajudar o aluno a refazer a pergunta, para que assim aprenda a melhor formular questões sobre a própria existência, a partir de seu cotidiano. O Ensino Religioso, como exposto por Oliveira et al.[87], tem como objetivo discutir "a diversidade e a complexidade do ser humano como pessoa aberta às diversas perspectivas do Sagrado presentes nos tempos e espaços histórico-culturais" (p. 34).

A convivência com as diferentes tradições religiosas, a vivência da própria cultura e o respeito às diversas formas de expressão cultural permitem ao educando uma abertura para o conhecimento. Assim, explicando ou defendendo seu ponto de vista, opinião ou informação, o educando está organizando cognitivamente o conteúdo de forma que ele seja compreendido.

Entretanto, tendo clara a ideia de que o sujeito do conhecimento religioso busca respostas aos seus questionamentos existenciais, dentro ou fora de uma religião, é necessário respeitar as escolhas dos que têm e dos que não têm fé religiosa ou dos que simplesmente não optaram por nenhum grupo religioso.

Síntese

A SENSAÇÃO DE FINITUDE LEVA o homem a um constante conflito que frequentemente o leva a buscar o Transcendente em rituais e em outras formas simbólicas. Ao tomar consciência de si, dos outros e do espaço que ocupa, o ser humano preocupa-se com sua gênese e com seu destino. Compreender o desenvolvimento da criança, suas inquietações, suas dúvidas e curiosidades sobre o desconhecido são os desafios postos para uma experiência reflexiva e enriquecedora.

Ao aplicar seu método clínico-crítico e suas provas, Piaget identificou e estudou o pensamento e a inteligência, desde a origem (na criança) até o equilíbrio (no adulto). Vygotsky identificou e pesquisou o papel dos mediadores simbólicos, incluindo a linguagem, para estudar a formação social da mente. Já para Wallon, a gênese da inteligência é genética e organicamente social. A estrutura orgânica do ser humano supõe a intervenção da cultura para uma atualização. Ele destaca a importância da afetividade no processo da aprendizagem.

Se partirmos do pressuposto de que não existe uma aprendizagem meramente cognitiva ou racional, precisaremos refletir sobre uma ação educativa que leve em conta sentimentos, afetos e relações interpessoais. Assim, a convivência com as diferentes tradições religiosas, a vivência da própria cultura e o respeito às diversas formas de expressão cultural permitem ao educando e também ao professor uma abertura para o conhecimento. Ao explicar ou defender seu ponto de vista, opinião ou informação, o educando está organizando cognitivamente o conteúdo de forma que seja compreendido.

Indicação cultural

O Pagador de promessas. Direção: Anselmo Duarte. Produção: Oswaldo Massaini. Brasil: Lionex Films e Embrafilme, 1962. 95 min.

Esse filme, um dos clássicos do cinema brasileiro, expressa diferentes experiências religiosas do processo de desenvolvimento humano. Cada personagem representa uma leitura do Transcendente, demonstrando a relação entre o ser humano e a sociedade. O personagem central demonstra o desconhecimento das raízes históricas e sociais de sua tradição religiosa. Por outro lado, temos a burocratização, imposta pelo próprio sistema, de uma tradição religiosa em sua organização interior. Permeando toda a trama, vemos a devoção sincera e ingênua do personagem central. Observe o aspecto antropológico dos personagens do filme, analisando suas leituras de Deus, do mundo e do homem.

Atividades de autoavaliação

1. O ser humano é um ser que se questiona, constantemente angustiado, e que precisa responder a todas as perguntas que faz, nos acontecimentos que presencia. As respostas poderão ser conquistadas por meio da evidência imediata ou por meio da justificação, num processo investigativo e de análise. A partir dessa afirmativa, assinale verdadeiro (V) ou falso (F):

    ( ) O homem não pode ser compreendido e tratado unicamente como um ser racional e formal, mas sim como um sujeito que pretende aprimorar seus conhecimentos e aperfeiçoar seu próprio raciocínio crítico.

    ( ) O homem pode ser compreendido e tratado unicamente como

um ser racional e formal, pois é um sujeito que não pretende aprimorar seus conhecimentos e aperfeiçoar seu próprio raciocínio crítico.

( ) O homem não pode ser compreendido e tratado unicamente como um ser irracional e informal, mas sim como um sujeito que não pretende aprimorar seus conhecimentos e aperfeiçoar seu próprio raciocínio crítico.

( ) O homem deve ser compreendido e tratado unicamente como um ser racional e formal, porque precisa aprimorar seus conhecimentos para aperfeiçoar seu próprio raciocínio crítico.

Agora, escolha a alternativa que apresenta a sequência correta:

A) V, F, F, F
B) F, V, F, V
C) F, F, V, V
D) V, V, F, F

2 Sobre a construção da identidade da religião e de sua importância para uma ampliação da visão de mundo, marque a resposta correta:

A) A reflexão sobre a experiência religiosa conduz ao estudo e à compreensão de que o fato religioso não faz parte da vida humana como a linguagem, a cultura e a arte o fazem.

B) A convivência com as diferentes tradições religiosas, a vivência da própria cultura e o respeito às diversas formas de expressão cultural permitem ao educando uma abertura para o conhecimento.

C) Não cabe ao professor incentivar a curiosidade do educando nem ajudar o aluno a refazer a pergunta, para que assim aprenda a melhor formular perguntas sobre a própria existência, pois a expressão da fé e da abertura pessoal ao Transcendente é de cunho pessoal.

D) O sujeito do conhecimento religioso busca respostas aos seus questionamentos existenciais dentro de uma religião, já que as tradições religiosas buscam oferecer uma orientação global que dê sentido a tudo que nos cerca.

3 É na troca com outros sujeitos e consigo próprio que é possível internalizar conhecimentos, papéis e funções sociais. A partir dessa afirmativa, assinale as frases que correspondem às teorias de Piaget e Vygotsky:

I Enquanto sob a perspectiva piagetiana o conhecimento se dá a partir da ação do sujeito sobre a realidade, para Vigotsky, esse mesmo sujeito não só age sobre a realidade como também interage com ela, construindo seus conhecimentos a partir das relações intra e interpessoais;

II Enquanto para Vigotsky a aprendizagem depende do estágio de desenvolvimento atingido pelo sujeito, para Piaget, a aprendizagem favorece o desenvolvimento das funções mentais;

III Apesar das diferenças entre a posição teórica dos dois cientistas, ambos enfatizam a necessidade de compreensão da gênese dos processos cognitivos;

IV Tanto Piaget como Vigotsky valorizam a interação do indivíduo com o ambiente e veem o indivíduo como sujeito que atua no processo de seu próprio desenvolvimento.

Qual(is) alternativa(s) está(ao) correta(s)?

A) Todas as alternativas estão corretas.

B) Somente a alternativa II está incorreta.

C) Todas as alternativas estão incorretas.

D) Somente as alternativas II e IV estão corretas.

4 A religiosidade é uma característica encontrada praticamente em todas as culturas, por meio da qual o espírito humano se abre à procura do divino, considerado, ao mesmo tempo, como misterioso e atraente. Essa religiosidade se torna religião quando:

A) oferece uma orientação específica que dê sentido a tudo que nos cerca, criando valores e normas e estabelecendo um universo simbólico que aponta para o além do cotidiano.

B) está baseada no desenvolvimento humano, de forma abstrata, porém de intensidades homogêneas.

C) é expressa num sistema lógico de sinais, símbolos, ritos e palavras que, no tempo e no espaço, interligam ideias do Sagrado à experiência humana.

D) é uma abertura ao Divino, considerado, ao mesmo tempo, como misterioso, atraente e aterrorizante, portanto, como ser superior inatingível.

5 A relação ensino-aprendizagem é uma das preocupações didáticas fundamentais e talvez seja a questão mais polêmica nas discussões sobre aproveitamento de conteúdos. A partir dessa afirmativa, assinale verdadeiro (V) ou falso (F):

( ) Analisar, relacionar, comparar e outras operações mentais são de fundamental importância dentro do real processo de educação.

( ) Sentir, intuir, expressar e outras operações emocionais são de fundamental importância dentro do real processo de educação.

( ) Investigar, questionar, conviver e outras operações mentais são de fundamental importância dentro do real processo de educação.

( ) Ler, pensar, refletir e outras operações mentais são de fundamental importância dentro do real processo de educação.

Agora, escolha a alternativa que apresenta a sequência correta:

A) V, F, F, V

B) V, F, F, F

C) F, V, F, V

D) V, V, F, F

Atividades de aprendizagem

Questões para reflexão

1 Ao sistematizar os conceitos religiosos, um pequeno grupo passa a deter essas informações, alegando-se representante do Transcendente, cerceando as reais experiências em relação a Deus que as pessoas tiveram ou poderão ainda ter. Reflita sobre essa influência na tomada de consciência de si, dos outros e do espaço que ocupa e qual o desdobramento dessa influência na compreensão da gênese e do destino do ser humano.

2 A inquietação dos educandos, suas dúvidas e curiosidades sobre o desconhecido são os desafios postos para uma experiência reflexiva e enriquecedora tanto para o professor quanto para os alunos. Como estabelecer um espaço que favoreça essa reflexão?

Atividade aplicada: prática

1 Selecione quatro fatos no jornal de sua cidade sobre a expressão religiosa regional e comente, em um texto, a relação entre cultura e cotidiano na vida das pessoas que permita compreender a leitura religiosa do ser humano.

Três

O SER HUMANO, UM SER SOCIOCULTURAL

TODA HISTÓRIA DO PENSAMENTO HUMANO está ligada à identidade do sujeito e suas expressões da cultura como o mito, a literatura, a ciência, a filosofia, o *ethos* e a política.

A interferência sociocultural na experiência religiosa é tão significativa que pode alterar e/ou manter a união de um povo. Como exemplo, podemos citar o povo judeu, que, com sua experiência, poesias, crenças e ritos comuns manteve a identidade nacional mesmo depois de ter perdido, no passado, seu território.

Na história das religiões, o mito é um aspecto importante, uma realidade cultural extremamente complexa que pode ser abordada e interpretada por meio de perspectivas múltiplas e complementares, porque uma experiência verdadeiramente religiosa se distingue da experiência comum da vida cotidiana em virtude de sua relação com os mitos. Estes revelam que o mundo e o homem têm uma origem e uma história sobrenaturais, e que esta última é significativa, preciosa e exemplar. E também revelam a história, o modo de viver e de pensar dos povos responsáveis por sua existência.

Como revela Balducci[9], as experiências do Sagrado são expressas, em todas as religiões, em atos de reverência para com o Absoluto, cuja existência é definida intelectualmente em termos de *mito, doutrina* ou *dogma*, que passam pela vida em grupo e pela família, sendo esta núcleo do grupo social.

A vivência comunitária é fundamental no desenvolvimento do indivíduo e está na mais intensiva e genuína interação entre as pessoas. Ela, muito mais do que as normas e leis, é estimulada pelo sentimento de *philia* (amizade) de que falavam os gregos. A qualidade das relações comunitárias, seja na família ou em outros grupos sociais, deve proporcionar o equilíbrio entre os interesses individuais e os coletivos, garantindo, assim, a diversidade e a individualidade na interação do grupo. Enfim, como atesta Desroche[40], a dimensão mais profunda do ser humano está na sua "cidadania cósmica".

Apontando causas e efeitos, relações entre seres, valores morais e também sustentação ao poder político, a religião, na maioria das culturas, valida uma visão de mundo única para toda a sociedade e fornece a seus membros uma comunidade de ação e de destino[31]. Essa visão de mundo é transmitida e perpetuada pelo mito. E o mito não é apenas uma narrativa fantasiosa, uma imaginação humana, mas é a maneira de narrar para si mesmo a sua origem e a de toda a realidade, além de apresentar respostas para os fenômenos naturais e cósmicos. Assim, o mito traz união, agrega e deixa suas marcas na sociedade. Se assim não for, se o mito não representar o que é humano e os valores sociais, perde seu sentido.

É verdade que o termo *sentido*, tão importante para o ser humano, apresenta dois aspectos: um é o de dar direção ou finalidade; outro é o de ter significado. No desafio de construir um sentido à existência, as pessoas se defrontam com um fato ineludível: a morte. Ao longo da história da humanidade, é como se existisse uma necessidade de explicá-la, não por ela mesma, mas para compreender por meio dela o real sentido da vida. E é aqui que surge a importância da religião, porque só esta tem tido a capacidade de dar um sentido à morte, propondo uma perspectiva de superá-la. A religião constrói uma linguagem de esperança radical de que se pode vencer a própria morte.

No entanto, a religião não se esgota apenas na questão da morte; trata-se, sobretudo, de se dar um sentido à vida, propor valores que, em geral, conduzem à busca do outro, desafiando cada adepto de suas propostas a dar uma nova essência a sua vida. Em geral, a experiência religiosa é humanista, torna-nos mais humanos, mais abertos aos outros, mais conscientes de nossa própria condição.

É certo que a religião não é o único meio de se dar sentido à vida, muito menos a única forma dessa abertura ao outro; contudo, ela continua sendo um caminho deveras significativo na história da humanidade.

3.1
Religião e cultura

O SER HUMANO, AO LONGO de seu desenvolvimento, a partir de suas necessidades e de sua história, elaborou e organizou estruturas diferenciadas para orientar e comunicar, produzindo um emaranhado de técnicas e objetos que alteraram o próprio espaço, produzindo culturas. À medida que a experiência dos indivíduos e das comunidades avançou, novas foram as produções criadas e os homens acabaram perdendo a compreensão do que eles mesmos previamente estabeleceram, ocupando-se em se comunicar velozmente, de forma clara e precisa, economicamente viável, mas nem sempre atentos ao que comunicavam.

A tecnologia avança rapidamente e, na maioria das vezes, contribui de fato para o desenvolvimento do ser humano. Entretanto, ela pode destruí-lo e controlá-lo. Por isso, a humanidade tem ainda um grande e desafiador caminho a percorrer. Na realidade, hoje, diante desse contexto, alguns setores da sociedade têm evidenciado a urgência por uma significativa reflexão sobre a comunicação e a cultura, que refletem e interferem na organização do pensar a estrutura em que estamos inseridos[60].

A língua latina usava o termo *cultura* em relação ao cultivo da terra. Para indicar o sentido de cultura utilizado atualmente, os romanos referiam-se à frase *"humanus civilisque cultus"*, ou seja, humanização de comportamento, da faculdade do espírito. No Renascimento (século XVI), falava-se do ser humano cultivado, o ser de cultura, já que este havia estudado as letras clássicas, música, belas artes, ou seja, era dotado de cultura humanística. Posteriormente, ao se referir à cultura moderna, seriam os indivíduos que teriam superado velhas tradições.

O termo *cultura* possui um conceito polêmico, ampliado e transformado ao longo dos séculos por antropólogos, historiadores e intelectuais em geral. A noção de *cultura* continua sendo alvo de discussão e de reelaborações, gerando dificuldades e imprecisões.

O que é significativo compreender é que a linguagem assume importância básica no processo de transmissão da cultura, em todos os aspectos. Chega-se à conclusão de que necessitamos aprender a ser "seres humanos", de modo a criarmos um "mundo humanizado". Tanto é que, historicamente, cada grupo social criou soluções diferentes para resolver problemas semelhantes em suas vidas. Exatamente por causa da não-determinação genética, como diz Desroche[40], é que somos capazes de ser livres, dentro das possibilidades humanas, e podemos encontrar no mundo tantos crentes diferenciados.

Do ponto de vista cultural, todo grupo social apresenta manifestações religiosas e, por mais primitivos que possam ser, todos os povos têm religião, magia, atitudes científicas ou ciência. Percorrendo a história da humanidade, é possível compreender e identificar os diferentes fatos religiosos que se manifestam no desenvolvimento do ser humano.

Desde o período pré-histórico, em que o homem da caverna

desenhava os animais, ele não queria apenas expressar arte, mas também dar ao desenho (símbolo) um caráter de magia (proteção e sorte), que se caracterizava pelos gestos que suscitavam a tentativa de dominar o inexplicável para colocá-lo a seu próprio serviço.

Por sua vez, os gestos de adoração (ritos, festas, celebrações), experiências comunitárias que dão origem à religião, são formas de expressão do reconhecimento e da transcendência do absoluto. Assim, como bem atesta Trenti[114], a descoberta da transcendência garante a continuidade da vida e o medo da morte é solucionado pelos ritos, pela magia, pelos mitos.

Percebemos, então, que as expressões que procuram explicar a sede e a necessidade de dominar o Transcendente estão intimamente ligadas à cultura. O ser humano fala do mundo transcendental usando uma linguagem simbólica e cultural, que é também mística. A expressão da fé e da abertura pessoal ao Divino é o que nós denominamos de *religiosidade*.

Primeiramente, ao tomar consciência de si, dos outros e do espaço que ocupa, o ser humano se preocupa com sua gênese e com seu destino. Dominado pelo seu contexto, atribui às forças da natureza poderes divinos. Paulatinamente, ele sistematiza esses conceitos e um pequeno grupo passa a deter as informações, falando em nome do Transcendente que tenta dominar e cerceando as reais experiências em relação a Deus que as pessoas tiveram ou poderão ainda ter.

Historicamente, o ser humano busca na relação entre céu e terra o lugar de encontro com o Sagrado. Os montes representam o lugar onde esses dois extremos se encontram e, portanto, a montanha sagrada é o lugar de encontro com o Sagrado. O templo, o palácio e as cidades sagradas são extensões possíveis desse centro. Por isso, a consagração de um espaço determinado para as manifestações religiosas torna-o sagrado, réplica do mundo e arquétipo celeste.

Na nostalgia religiosa, o homem exprime o desejo de viver no cosmo puro e santo, tal qual ele era no começo, quando ainda estava nas mãos do Criador. Para o homem religioso, a natureza nunca é exclusivamente natural. Ela está sempre carregada de valor transcendental. Ele sente necessidade de mergulhar periodicamente no templo sagrado para encontrar-se com o Absoluto, o que ele faz utilizando-se do ritual.

No processo de construção da consciência e da experiência religiosa, diz Meslin[79], ritos de passagem como o nascimento, a adolescência, o casamento e a morte desempenham um papel considerável na vida da pessoa.

E a ciência de outras práticas, situações e/ou contextos sociorreligiosos, acompanhada da experiência e de outros pontos de vista dos vários movimentos religiosos – as suas leituras singulares de Deus, mundo e homem – levam à compreensão dessas representações, e é aí que o aspecto antropológico revela toda a sua relevância e potencial de elucidação.

Ampliar o conhecimento religioso e expandir os saberes em torno do Sagrado, que constitui patrimônio da humanidade, além de promover a escolarização fundamental, é importante para que o educando se aproprie de saberes para entender os movimentos religiosos específicos de cada cultura.

É evidente que cada grupo humano foi selecionando as maneiras de ser e de viver, de agir e de se comunicar, enfim, de responder aos desafios de seu ambiente. É interessante notar que, nessa procura de sobrevivência e de desenvolvimento, cada grupo vai respondendo de imediato àquilo de que mais necessita e ao que mais lhe convém. Nesse sentido, não se pode dizer que alguém responda melhor ou pior: ele(a) responde de acordo com sua necessidade e opção. A cultura acaba sendo como uma muralha que determinada sociedade vai colocando ao seu redor, transformando e adaptando a natureza, conforme julga oportuno e necessário. Como explica Sacristán[104], a sociedade vai, assim, construindo sua história, buscando explicações e legitimação de seu agir, forjando valores e colocando-os como comuns às exigências de todos os que querem participar desses grupos. É o que se poderia chamar de *ethos cultural*.

A cultura, dessa maneira, vai-se diferenciando dos diversos agrupamentos humanos e dando uma identidade distinta a cada um deles. Quando a cultura é destruída por fatores externos, deixa a comunidade perdida, fazendo com que esta se esqueça, por imposição, de sua história e de seus valores. Não possuindo mais uma "muralha" que a defenda, a cultura perde o suporte em que se apoiava para se definir, não tendo mais a quem recorrer e ficando à mercê dos demais. A cultura é, como a alma de um povo, o que ele tem de mais central, mais pessoal, mais íntimo. Em suma, é a sua essência.

A cultura pode ser compreendida sob duas dimensões: uma fenomenológica, isto é, a que se percebe porque se vê e pode ser descrita na análise dos diversos grupos humanos, e outra, antropológica, isto é, a dimensão em profundidade dos diversos povos, com as suas crenças, os valores, os sentidos presentes nos padrões de vida adotados. Ela possui, assim, diversos sensos e nenhum grupo humano pode prescindir dessa dimensão. Mas não se pode afirmar que seja igual para todos, pois ela varia de povo para povo. Algumas vezes de modo consciente, mas em geral inconscientemente, os diversos grupos humanos vão estruturando sua maneira de viver, de comer, de plantar e colher, de se vestir, de morar, de cantar, de dançar, de rezar, de constituir família, de se governar, de passar o tempo, de estudar e assim por diante.

A religião, que faz parte da cultura, infere na ação e se traduz de várias formas: decisões baseadas no respeito às bases do grupo; ideias de representatividade por mandado imperativo; denúncia profética sem preocupações prepostas ou com a estabilidade/continuidade do jogo político; linguajar religioso ou moralista no tratamento de questões políticas e econômicas; articulação entre carisma e imposição da vontade do líder sobre os liderados; desencadeamento de movimentos de massa com ideais milenaristas ou sectários; mobilização político-eleitoral com base em uma agenda religiosa.

Por vezes, vemos a influência da religião e as preocupações das classes dominantes expressas como os ideais políticos e morais de uma cultura. A democracia e a religião podem ocupar campos opostos dentro da ideia de cultura, mas podem também *per se* dividir-se, gerando um encontro de parte daquela com esta, quando se coadunam do ponto de vista democrático e religioso. Segundo Wach[116], é esse o *status quo* do mundo em que vivemos, porque os discursos democrático e religioso permitem diferentes articulações e significados para os mesmos elementos, dependendo de qual dos campos em disputa se esteja.

Na compreensão da realidade social, é significativo entender a pluralidade ideológica também no campo religioso, para que se possa dialogar socialmente, pois não há monolitismo político-religioso, assim como é notório que não há monolitismo teológico-doutrinário. Portanto, ainda de acordo com Wach[116], as mudanças culturais, religiosas e políticas se entrecruzam, num mundo em que as barreiras deixam de ser cada vez menos geográficas, passando a ser cada vez mais o resultado de investimentos culturais, fundados em interesses materiais ou em modos de vida a serem preservados ou expandidos.

Portanto, cultura não é apenas um processo de adaptação da natureza ao desejo do ser humano, mas é também uma linguagem comunicadora de significados e de valores. O ser humano não age somente sobre a natureza, mas o faz igualmente sobre si mesmo. Mediante isso, ele, que é um ser individual, transforma-se em um ser social, estabelecendo livremente, dentro do consenso, as classificações, os códigos de conduta, as ordenações e os princípios de relação. Os humanos deixam de ser meros seres da natureza e se tornam, então, pela cultura, sujeitos que têm direitos e deveres, fontes de práticas transformadoras ou conservadoras da natureza e da sociedade.

A importância ocupada pelo conhecimento no processo de desenvolvimento dos povos, na condição de estratégia principal, mostrou, mais do que nunca, o quanto é ideológica a pretensa neutralidade e a distância dos donos do conhecimento. Ao mesmo tempo, a ligação entre educação e conhecimento – pelo fato de o conhecimento normalmente ser gerado e transmitido em instituições educativas – também levou a questionar a pretensão de transformar em fim o que é meio. O que define a educação é sua característica humanista em primeiro lugar, ou seja, a preocupação com fins, conteúdos, história e cultura. Apesar de o conhecimento ser o instrumento mais decisivo da cidadania moderna, é tão somente um meio, o que, no entanto, não é pouco.

Síntese

AO LONGO DO ESTUDO SOBRE o Ensino Religioso na perspectiva do fenômeno religioso, é clara a relação entre a cultura, a sociedade e as tradições religiosas, pois é evidente que cada grupo humano foi selecionando as maneiras de ser e de viver, de agir e de se comunicar, de responder às demandas do mundo que lhe cerca. É notório o impulso do ser humano de sobreviver e de instituir a organização de seus grupos, que vão respondendo de imediato àquilo de que mais necessitam e ao que mais lhes convêm.

Nesse sentido, não se pode dizer que alguém responda melhor ou pior: eles respondem de acordo com sua necessidade e opção. A cultura é como uma proteção que determinada sociedade vai erigindo ao seu redor, transformando e adaptando a natureza conforme julga oportuno e necessário. Dentro desse contexto está a leitura religiosa de cada sociedade.

Indicação cultural

O NOME da rosa. Direção: Jean-Jacques Annaud. Produção: Bernd Eichinger. Alemanha, França, Itália: Flashstar; Warner Bros., 1986. 130 min.

A história desse filme é um significativo exemplo do papel da religião na construção dos diferentes aspectos da sociedade, interferindo no comportamento explícito e implícito das comunidades. Essa interferência ultrapassa o tempo e o espaço, transmitida às gerações como certezas para "salvar" os indivíduos de algo que, muitas vezes, nem os educadores assumem conscientemente, pois os detentores do saber podem encarar o conhecimento como potencialmente perigoso. Além da noção e da ideia de tolerância, *o que mais o conhecimento pode proporcionar a todos os que com ele convivem? Essa questão é pano de fundo para o romance de Umberto Eco adaptado para o cinema.*

ATIVIDADES DE AUTOAVALIAÇÃO

1 A vivência comunitária é fundamental no desenvolvimento do indivíduo e está na mais intensiva e genuína interação entre as pessoas. A esse respeito, assinale as afirmativas a seguir com verdadeiro (V) ou falso (F):

( ) Muito mais do que as normas e as leis, a vivência comunitária é estimulada pelo sentimento de *philia* (amizade) de que falavam os gregos. A qualidade das relações comunitárias, seja na família ou em outros grupos sociais, deve proporcionar o equilíbrio entre os interesses individuais e os coletivos, garantindo, assim, a diversidade e a individualidade na interação do grupo. Enfim, a dimensão mais profunda do ser humano está na sua "cidadania cósmica".

( ) Cada grupo humano foi selecionando as maneiras de ser e de viver, de agir e de se comunicar, de responder aos desafios de seu ambiente. É interessante notar que, nessa procura por sobrevivência e desenvolvimento, cada grupo vai respondendo de imediato àquilo de que mais necessita e ao que mais lhe convém.

( ) Cultura é um processo de adaptação da natureza ao desejo do ser humano. Este age somente sobre a natureza. Mediante isso, ele, que é um ser social, transforma-se em um ser individual, estabelecendo livremente, dentro do consenso, as classificações, os códigos de conduta, as ordenações e os princípios de relação.

( ) Pela cultura, os humanos deixam de ser meros seres da natureza e se tornam sujeitos que têm direitos e deveres, fontes de práticas transformadoras ou conservadoras da natureza e da sociedade.

Agora, assinale a alternativa que apresenta a sequência correta:

A) V, F, F, F
B) F, F, V, V
C) F, V, F, F
D) V, V, F, V

2 Na história da humanidade, é possível compreender e identificar os diferentes fatos religiosos que se manifestam no desenvolvimento do ser humano. Das afirmativas abaixo, qual é a verdadeira?

A) A partir do período de florescimento grego, o ser humano não queria apenas expressar arte, mas dar ao desenho (símbolo) um caráter de magia (proteção e sorte), que se caracterizava pelos gestos que suscitavam a tentativa de dominar o inexplicável para colocá-lo a seu próprio serviço. Por sua vez, os gestos de adoração (ritos, festas, celebrações), experiências comunitárias que dão origem à religião, são formas de expressão do reconhecimento e da transcendência do absoluto. Assim, a descoberta da transcendência garante a continuidade da vida, e o medo da morte é solucionado pelos ritos, pela magia e pelos mitos.

B) Somente a partir do período do Egito antigo é que o homem não quis apenas expressar arte, mas dar ao desenho (símbolo) um caráter de magia (proteção e sorte), que se caracterizava pelos gestos que suscitavam a tentativa de dominar o inexplicável para colocá-lo a seu próprio serviço. Por sua vez, os gestos de adoração (ritos, festas, celebrações), experiências comunitárias que dão origem à religião, são formas de expressão do reconhecimento e da transcendência do absoluto. Assim, a descoberta da transcendência garante a continuidade da vida, e o medo da morte é solucionado pelos ritos, pela magia e pelos mitos.

C) Desde o período pré-histórico, o homem da caverna, ao desenhar os animais, não queria apenas expressar arte; ele também dava ao desenho (símbolo) um caráter de magia (proteção e sorte), que se caracterizava pelos gestos que suscitavam a tentativa de dominar o inexplicável para colocá-lo a seu próprio serviço. Por sua vez, os gestos de adoração (ritos, festas, celebrações), experiências comunitárias que dão origem à religião, são formas de expressão do reconhecimento e da transcendência do absoluto. Assim, a descoberta da transcendência garante a continuidade da vida, e o medo da morte é solucionado pelos ritos, pela magia e pelos mitos.

D) Somente a partir do período do Império Maia o homem não quis apenas expressar arte; entretanto, dava ao desenho (símbolo) um caráter de magia (proteção e sorte), que se caracterizava pelos gestos que suscitavam a tentativa de dominar o inexplicável para colocá-lo a seu próprio serviço. Por sua vez, os gestos de adoração (ritos, festas, celebrações), experiências comunitárias que dão origem à religião, são formas de expressão do reconhecimento e da transcendência do absoluto. Assim, a descoberta da transcendência garante a continuidade da vida, e o medo da morte é solucionado pelos ritos, pela magia e pelos mitos.

3 Na história das religiões, o mito é um aspecto importante, uma realidade cultural extremamente complexa que pode ser abordada e interpretada por meio de perspectivas múltiplas e complementares [...] Assinale, a seguir, o texto que corretamente complementa a afirmativa anterior:

A) [...], pois uma experiência verdadeiramente religiosa se distingue da experiência ordinária da vida cotidiana, pela relação com os mitos.

B) [...], pois uma experiência verdadeiramente religiosa se distingue da experiência extraordinária da vida, pela relação com os mitos.

C) [...], pois uma experiência falsamente religiosa se distingue da experiência ordinária da vida cotidiana, pela relação com os mitos.

D) [...], pois uma experiência verdadeiramente cética se distingue da experiência extraordinária da vida, pela relação com os mitos.

4 Na nostalgia religiosa, o homem exprime o desejo de viver no cosmo puro e santo, tal qual ele era no começo, quando ainda estava nas mãos do Criador. Qual das afirmativas a seguir identifica o homem religioso?

A) Para o homem religioso, a natureza é exclusivamente natural. Ela nunca carrega o valor transcendental. O ser humano sente necessidade de mergulhar periodicamente no templo sagrado para encontrar-se com o Absoluto, o que ele faz utilizando-se do ritual.

B) Para o homem religioso, a natureza nunca é exclusivamente natural. Ela está sempre carregada de valor imanente. O ser humano sente necessidade de mergulhar simultaneamente no templo sagrado e na própria natureza para separar-se do Absoluto, o que ele faz utilizando-se do ritual.

C) Para o homem religioso, a natureza nunca é exclusivamente natural. Ela está sempre carregada de valor transcendental. Ele sente necessidade de mergulhar periodicamente no templo sagrado, para encontrar-se com o Absoluto, o que ele faz utilizando-se do ritual.

D) Para o homem ateu, a natureza nunca é exclusivamente natural. Ela está sempre carregada de valor imanente. Ele sente necessidade de mergulhar simultaneamente no templo sagrado e na própria natureza para separar-se do Absoluto, o que ele faz utilizando-se do ritual.

5 O ser humano não age somente sobre a natureza, mas o faz igualmente sobre si mesmo. Mediante isso, o homem, que é um ser individual, transforma-se em um ser social. Essa relação indivíduo–comunidade–natureza contribui na leitura religiosa do espaço que ocupa. Essa afirmativa orienta qual modelo de Ensino Religioso? Assinale a concepção mais coerente:

A) Ensino Religioso confessional.
B) Ensino Religioso fenomenológico.
C) Ensino Religioso doutrinal.
D) Ensino Religioso teológico.

Atividades de Aprendizagem

Questões para Reflexão

1 Por vezes, vemos a influência da religião e as preocupações das classes dominantes expressas como os ideais políticos e morais de uma cultura. Faça uma relação de alguns acontecimentos mundiais em que essa influência foi significativa.

2 Recentemente, pudemos verificar as relações conflituosas entre uma igreja e a questão da pesquisa genética em um país que assume a liberdade religiosa. Vimos líderes de igrejas que abertamente pregam contra as tradições afro-brasileiras; presenciamos líderes de vários grupos assumindo posições homofóbicas a partir de crenças religiosas. Realizar essas leituras da sociedade buscando superar a discriminação religiosa é o desafio do Ensino Religioso, participando de um processo proposto para toda a educação básica: **formar o cidadão**. A partir dessa reflexão, escreva um breve texto explicando o(s) objetivo(s) do Ensino Religioso na educação brasileira.

Atividade Aplicada: Prática

1 No dia 27 de dezembro de 2007, o Presidente Luiz Inácio Lula da Silva, por meio da Lei nº 11.635, instituiu o Dia Nacional de Combate à Intolerância Religiosa, que passou a vigorar em 21 de janeiro de 2008. Como professor que discute o Ensino Religioso, na perspectiva de favorecer a formação de um diálogo para a **solidariedade**, elabore um projeto para uma escola para tornar conhecida essa lei. Mesmo a data ocorrendo em período de férias, é muito importante que toda a comunidade saiba que o Brasil possui uma legislação que institui o **combate à intolerância religiosa**. Como vivemos em um país laico,

os argumentos religiosos não são válidos para justificar nenhuma forma de discriminação em nosso território.

Conheça o texto da legislação:

> O PRESIDENTE DA REPÚBLICA. *Faço saber que o Congresso Nacional decreta e eu sanciono a seguinte Lei:*
>
> **Art. 1º** *Fica instituído o Dia Nacional de Combate à Intolerância Religiosa, a ser comemorado anualmente em todo o território nacional no dia 21 de janeiro.*
>
> **Art. 2º** *A data fica incluída no Calendário Cívico da União para efeitos de comemoração oficial.*
>
> **Art. 3º** *Esta Lei entra em vigor na data de sua publicação.*
>
> *Brasília, 27 de dezembro de 2007; 186º da Independência e 119º da República.*

Fonte: BRASIL, 2007.

Quatro

O SER HUMANO, UM SER INVESTIGADOR

NA PSICOLOGIA, EXISTEM PESQUISADORES QUE reconhecem o encontro entre o ser humano e a religião como uma significativa influência sociocultural, patrimônio das diferentes comunidades. Os simbolismos religiosos, presentes na cultura da sociedade, imprimem profundamente sinais e inferências no psiquismo humano, com consequências na conduta dos indivíduos, a partir do momento em que ocorre a adesão a uma tradição religiosa ou filosófica.

A conduta religiosa é o resultado de um processo e consequência de uma série de fatores do próprio indivíduo, da comunidade e da tradição religiosa, ou seja, é o resultado dinâmico diferenciado no cumprimento e assimilação das propostas ritualísticas, morais e de outras exigências, especialmente no ocidente, em que o dualismo é presente e separa o religioso do profano, individualizando as ações[37].

É no esforço de compreender, na diversidade dos tempos, o homem como ser religioso, que se trabalha na construção de referenciais teóricos para identificar os estágios da construção do senso religioso desse processo de desenvolvimento. Dessa forma, a história do ser humano torna-se um espaço de observação[62].

Nessa perspectiva, é de fundamental importância a compreensão do desenvolvimento humano e das interações sociais, favorecendo novas posturas na relação com o conhecimento. Portanto, entender os aspectos que interferem na formação moral e religiosa do ser humano é fundamental para compreender seu próprio desenvolvimento e as diferentes alterações biológicas e psíquicas por que passa. Toda essa preocupação se dá por considerarmos o homem como um ser dinâmico, em processo de constante desenvolvimento.

4.1
A PSICOLOGIA DA RELIGIÃO

AO ESTUDAR AS PROFUNDAS EXPERIÊNCIAS do ser humano na busca do que o transcende, o que reorienta, muitas vezes, o sentido de suas vidas, podemos compreender os caminhos da história de pequenos e grandes fatos da sociedade.

Alguns estudiosos vêm se dedicando a compreender como ocorre esse processo em diferentes áreas. Encontramos nomes como Wundt, James, Starbuck, Leuba, Freud e Jung, entre outros que desenvolvem pesquisas no campo da relação com o Transcendente, a partir do referencial da psicologia do desenvolvimento[7]. Elencamos a seguir alguns desses estudiosos e suas contribuições.

Segundo Ávila[7], a psicologia da religião nasceu na década de 1880 e, como indica o nome, tem como característica aplicar a psicologia ao estudo da religião.

O alemão Wilhelm Wundt (1832-1920) pesquisou sobre a natureza e o funcionamento dos processos psicológicos por meio da experimentação. Benkö[11] cita que, para Wundt, "a religião pertence ao círculo dos mitos: sua origem se liga a eles. Não refletem a vida psicológica do indivíduo, mas são produtos da comunidade" (p. 10).

O nova-iorquino William James (1842-1910) foi o primeiro a considerar a possibilidade de uma pesquisa sobre a religião, embora Edwin Diller Starbuck (1866-1947), seu discípulo, seja o autor da primeira obra nessa área – *The psychology of religion*: an empirical study of the growth of religious consciousness[110] (1899). Além disso, ainda se credita a Starbuck o pioneirismo na utilização do método científico na psicologia religiosa.

James estabeleceu a distinção entre a "religião objetiva" (correspondendo ao aspecto da doutrina, do indivíduo que crê nos preceitos e os cumpre) e a "religião subjetiva", sendo esta o reconhecimento e a aceitação, por parte dos crentes, de um ser sobrenatural. Como afirma Ávila[7], "para James, os sentimentos religiosos situam-se no homem por baixo de sua consciência clara, num nível subconsciente" (p. 27).

O americano Gordon Allport (1897-1976) deu prosseguimento aos estudos de W. James, afirmando que esse processo religioso interfere na personalidade das pessoas. Dacquino[37] explica que Alport refuta a religiosidade como típico efeito da imaturidade psicológica, sustentando que o fenômeno religioso deve ser estudado e verificado em indivíduos normais, pois a religiosidade está intimamente relacionada à origem da motivação existencial, presente de forma especial ao longo da maturidade humana.

Outro pesquisador que se destacou nos estudos dessa área foi Sigmund Freud (1856-1939), apresentando a questão da construção religiosa sob a ótica da psiquiatria. Freud entendia que nessa construção estava envolvida toda a questão da ilusão – que seria a projeção de aspectos interiores, como o problema da própria finitude humana, ou seja, a ideia de que não somos eternos.

O psiquiatra suíço Carl Gustav Jung[67] (1875-1961), discípulo de Freud, manifestou um contínuo interesse pela questão religiosa e sustentou a existência de um arquétipo religioso, fator dinâmico que estaria presente na psique de todos os indivíduos.

Na Europa, em Viena, Viktor Frankl (1905-1997), de origem judaica, interessa-se também por esse argumento, compreendendo que o ser humano religioso introduz-se em uma dimensão maior e mais responsável.

Ele explora o sentido existencial do indivíduo e a dimensão espiritual da existência. O ponto central dessa reflexão é colocado na ligação e realização do significado da própria existência e importância do ser consciente. Frankl tornou-se celebridade em função de seu livro *Em busca de sentido:* um psicólogo no campo de concentração[55], no qual descreveu o que considerava básico para a sobrevivência de uma pessoa: dar sentido à vida[117].

Ainda na Europa, citemos o estudo de Jean Marie Pohier, publicado em *Psicologia da inteligência e psicologia da fé*[101], que faz uma releitura de Jean Piaget do ponto de vista da teologia. Em seu estudo sobre o pensamento religioso, Pohier procurou aplicar o sistema de Piaget à fé.

De acordo com Erich Fromm, no seu livro *Psicanálise e religião*[58], a religião seria um sistema qualquer de pensamento e de ações seguido por um grupo, o qual confere ao indivíduo uma linha de orientação e um objetivo de devoção, independente ou não da existência de divindades ou forças sobrenaturais. Ele chama atenção para o fato de que algumas pessoas creem poder resolver os problemas por meio da religião.

Já James Fowler, em seu estudo *Estágios da fé*[53], afirma que a fé necessita de uma espécie de estrutura e que seu crescimento não é meramente uma questão de adição de novos conteúdos – ele exige uma reestruturação mais profunda, que depende de fatores biológicos, culturais e sociais.

Na psicologia do desenvolvimento, temos, no Brasil, Terezinha Batista, que, em seu livro *Evolução da fé na criança*[10], relata a importância da religião para a ação e a imitação nos primeiros anos de vida, verificando que o papel do ambiente é componente acelerador para o desenvolvimento da fé. Pretende-se um caminhar tranquilo para a criança nesse processo, e o melhor recurso é o diálogo, de modo que este a faça crescer na confiança em Deus e nos irmãos.

Ao considerarmos essas pesquisas, não pretendemos traçar um caminho de desenvolvimento da fé, mas compreender elementos que interferem na vida do educando em seu processo de desenvolvimento no aspecto religioso.

4.2 O DESENVOLVIMENTO PSICOSSEXUAL SEGUNDO FREUD

SOMOS COMO UM SISTEMA DINÂMICO de energias. Todo nosso comportamento é energizado por impulsos instintivos fundamentais, como o instinto sexual, o instinto de conservação, o instinto agressivo, o instinto de brincar, etc.[11].

Ávila[7] diz que Freud assinala a existência de uma energia psíquica, denominada *libido*, que é "pulsão única no inconsciente, origem e força vital que se manifesta no homem de diversas maneiras" (p. 33). No entanto, para Freud, a sexualidade não se resume à atividade sexual, mas está relacionada a tudo aquilo que produz ou traz prazer ao homem.

Ao estudar adultos com perturbações, Freud chega a três conclusões que marcam sua obra: 1. As perturbações tinham raízes inconscientes; 2. A maior parte das perturbações se relacionava com conflitos sexuais; 3. As perturbações tinham suas raízes na infância. Esses três postulados, para Palacios[93], além de terem sido uma descoberta surpreendente no início do século XX, provocaram uma revolução cultural, principalmente nos ambientes puritanos.

As observações de Freud a respeito de seus pacientes revelaram uma série interminável de conflitos e acordos psíquicos, o que o levou a propor três componentes básicos estruturais da psique, quais sejam:

- **Id**: tudo que estava presente no nascimento é o sistema original, é a única fonte de toda energia psíquica, é inato, governado pelo princípio de prazer, satisfação imediata. É a base primitiva, inconsciente da psique, dominada pelas necessidades primárias. As energias básicas de toda ação, do nascimento até a morte, são os instintos do id.
- **Ego**: é a parte da personalidade que planeja, organiza e pensa. É orientado para a realidade e busca a satisfação das necessidades por meios aceitáveis. O ego controla os instintos, inibindo-os e restringindo-os, no interesse de conseguir seus fins realisticamente. As funções do ego consistem em: tolerância, controlar o acesso de ideias à consciência, guiar o comportamento do indivíduo para objetivos aceitáveis e pensamento lógico. É o condutor do mundo real. Pode adaptar-se ou se transformar; possui também uma função inibidora, que se forma inconscientemente e é dirigida para dentro.
- **Superego**: ou consciência, é a parte da personalidade que "monitora" as demais, que decide o certo e errado, enfim, é a moralidade internalizada dos pais da criança e da sociedade na qual o indivíduo vive.

Essas três estruturas coexistem, sendo que, ao exprimir impulsos básicos, o indivíduo pode colidir com as normas e valores da sociedade. Essas normas e esses valores tornam-se claros para as crianças por meio de recompensas e punições dadas por seus pais, diante de sua conduta.

Com o tempo, o superego torna-se substituto interno das forças externas de controle dos pais e da sociedade. Torna-se a consciência moral e o senso de moralidade da criança. Um superego bem desenvolvido tende a tornar-se um controle automático e inconsciente dos impulsos do id.

Para Freud, a energia sexual é focalizada em partes diferenciadas do corpo (zonas erógenas), em momentos diferenciados da vida. A mudança das zonas está basicamente determinada pela mudança na sensibilidade do corpo, como demonstrado no Quadro 5, a seguir:

Quadro 5 – Estágios do desenvolvimento psicossexual segundo Freud

Estágio	Características
Estágio oral: 0 a 1 ano	A atividade de sucção não-nutritiva é a primeira manifestação da libido e a primeira conduta com marca sexual. O aparecimento dos dentes permitirá, depois, o desenvolvimento de uma segunda vertente da atividade oral, nesse caso, com componentes sádicos.
Estágio anal: 1 a 3 anos	A energia libidinal irá voltar-se em seguida para o esfíncter, por onde são eliminadas as fezes e a urina, estando, então, o prazer ligado às funções excretoras, que logo poderão também ser utilizadas sadicamente pela criança como uma ferramenta de agressão para expressar hostilidade.
Estágio fálico: 3 a 6 anos	A fonte de obtenção de prazer se desloca agora para os genitais e sua manipulação. Aparecem também fantasias relacionadas com qualquer forma de atividade sexual com o progenitor do sexo oposto (complexo de Édipo: o menino com a mãe; complexo de Electra: a menina com o pai). A tensão que significa essa situação para o ego e a progressiva interiorização das normas e dos valores sociais darão lugar à formação do superego, consciência que procurará governar a vida psíquica.
Estágio de latência: 6 a 11 anos	Os impulsos se aplacam. O superego se desenvolve e ampliam-se seus conteúdos, que não serão somente as limitações e imposições procedentes dos pais, mas se estenderão também às aprendidas na escola e nas relações com os amigos.
Estágio genital: adolescência	Com as mudanças biológicas da puberdade, os impulsos reaparecem, a libido é reativada. A sexualidade adquire agora a genitalização própria da idade adulta e, superadas as fases exclusivamente autoeróticas, volta-se para a relação heterossexual que, de acordo com Freud, é característica dos adultos.

Fonte: PALACIOS, 2004, p. 27.

Para Freud, todo esse processo interfere na construção da identidade; portanto, em cada etapa existe uma tarefa específica, ou seja, "uma qualidade de ego" específica, como a confiança, a autonomia ou a intimidade. Esses períodos são parcialmente definidos pela sociedade, que interfere significativamente no desenvolvimento da pessoa que nela cresceu. Quando uma das etapas não é concluída de fato, o resíduo interfere na fase seguinte.

4.3
A COMPLEXIDADE DA OBRA DE JUNG

AS OBRAS DE CARL G. Jung podem ser consideradas etapas de sua vida, conforme ele mesmo afirmou em O *homem e seus símbolos*[67]. Jung é reconhecido por muitos como defensor da religião, em oposição a Freud. Benko[11] afirma que não se pode negar que Jung "tem a religião em grande apreço. A sexualidade, segundo ele, não é a fonte principal do dinamismo psicológico, nem seu fim último; ela é uma das formas de manifestação de energia psíquica" (p. 56).

Fromm[58], ao se referir a Jung, diz que este foi o primeiro psicanalista a compreender que todos os mitos, como as ideias religiosas, exprimem verdades profundas. Segundo Fromm, podemos afirmar que Freud se opõe à religião em nome da ética e Jung reduz a religião a um fenômeno psicológico, pois a experiência religiosa constituiria em fenômeno emocional, caracterizado pela submissão a um poder superior, cujo nome pode ser Deus.

Jung considerou o estudo dos mitos uma de suas atividades mais importantes. Ele afirmava que os mitos exprimem verdades que vão além da nossa capacidade racional e, portanto, são inesgotáveis. Os mitos seriam o suporte da comunidade humana para encontrar a felicidade. Já Freud pode ser considerado um demitizador, pois, para ele, os mitos são coisas da infância[11].

Se para Freud o inconsciente se forma a partir do consciente, para Jung o inconsciente está em movimento, é dinâmico e produz conteúdos, reagrupa os já existentes e trabalha numa relação de compensação e complementaridade com o consciente.

A psique, para Jung, é a soma dos processos mentais cuja estrutura está dividida em quatro estamentos, dois conscientes e dois inconscientes. Como explica Ávila[7], Jung denomina os dois primeiros estamentos de *eu* e *persona*. No "Eu" reside a consciência daquilo que a pessoa é conscientemente, ou seja, o *self*. O termo *persona* responde a perspectivas sociais, não correspondendo, portanto, à personalidade real do indivíduo, mas sua personalidade social. Esse estamento está ligado ao seu sentido original (máscara usada no teatro grego para representar os personagens). Os outros dois estamentos são o *inconsciente pessoal* e o *inconsciente coletivo*. Jung[66] chamou de *arquétipos* a esses traços funcionais do inconsciente coletivo, os quais reavivam as imagens coletivas de significância biológica e histórica como categorias herdadas.

Seu desejo era ser um cientista e não um filósofo ou teólogo; entretanto, nem sempre conseguiu fazer essa separação. Assim, suas teorias foram confrontadas tanto por aqueles que reconhecem a natureza religiosa do homem, como por outros – sejam médicos, cientistas ou religiosos dogmáticos, que consideram inaceitável suas formulações psicológicas.

Nos últimos anos de sua vida, essa influência do sobrenatural o fez refletir sobre o *homo religiosus* e o levou a interessar-se pelo campo dos dogmas e das religiões comparadas.

A entrega que Deus faz de si mesmo é um livre ato de amor, ao passo que o seu sacrifício em si é uma morte dolorosa, sangrenta e cruel. Jung[66] insiste que Deus é uma experiência primordial na vida dos homens e que, desde épocas imemoriais, a humanidade entrega-se a um esforço inaudito para expressar e explicar, de algum modo, essa experiência inefável, para integrá-la à sua vida mediante a interpretação e o dogma ou então negá-la. Para ele, a imagem de Deus não é um produto da experiência no indivíduo e também não é uma autossubstituição do pai, como propunha Freud. Ao contrário, o pai terreno é a primeira encarnação da imagem do arquétipo do pai ultraterreno, que já pré-existe hereditariamente na criança.

Jung vê, portanto, a religião como a fusão de um processo do consciente e do inconsciente com uma vida própria, que exprime, em forma de devoção, uma postura que não pode ser transferida. A religião, para ele, não é um ato de vontade, mas uma resposta a uma predisposição. Os aspectos doutrinais de cada tradição são a cristalização da experiência secular e a manifestação de um caráter simbólico, expressão dos arquétipos. Os rituais são, assim, ações simbólicas que emergem espontaneamente de uma fonte inconsciente[37].

4.4
DESENVOLVIMENTO MORAL

ESTÁ COMPROVADO QUE A RELIGIÃO está presente quase que universalmente em todas as culturas. Dentro dessa perspectiva e a partir do aspecto psicológico, Ávila[7] questiona: "existe alguma base genética para a religiosidade?" (p. 137).

A criança é sensível à moral adulta, bem como à cultura moral gerada no grupo de iguais. Essa cultura moral entre os pares, que muitas vezes pode não estar de acordo com a dos adultos, revela-se precocemente e deve-se à cumplicidade e a regras internas do grupo[94].

La Taille[74] aponta que Piaget, em sua obra *O juízo moral na criança*[98], aborda três estágios de desenvolvimento da moralidade, assim divididos:
- **Anomia**: a inteligência sensório-motora caracteriza-se por um egocentrismo integral e inconsciente e, por consequência, pela ausência de normas de conduta (até os cinco ou seis anos de idade, as crianças não seguem regras coletivas).
- **Heteronomia**: também chamado de *realismo moral*, tem como característica um absolutismo moral. A criança acredita que, se alguém quebra as regras, este terá uma punição inevitável, por meio dos pais, dos professores ou talvez por meio de Deus. Ela também julga a bondade ou maldade das pessoas por meio das consequências e das intenções. Nessa fase, a criança ainda está centrada em si mesma, o contato com outros indivíduos a conduz à descoberta e à reorganização das regras.
- **Autonomia**: as características dessa fase são justamente opostas às da fase de heteronomia, correspondendo à concepção adulta do jogo. As regras sociais são aceitas, mas percebidas como mais arbitrárias. As regras podem ser modificadas a partir de um consenso, porém o respeito a essas é obrigatório.

Existe outra proposta de organização dos estágios da moralidade, desenvolvida por Kohlberg[73] entre as décadas de 1960 e 1980. A teoria do desenvolvimento moral de Kohlberg compreende três níveis: nível pré-convencional, nível convencional e nível pós-convencional. Para cada nível, Kohlberg propôs dois estágios, como apresentado no quadro a seguir:

Quadro 6 – Desenvolvimento moral na teoria de Kohlberg

Nível	Ideia principal	Estágio	Ideia principal
Moralidade pré--convencional ou pré-moral (< que 9 anos)	Os valores morais são decorrência da obediência a uma autoridade externa.	1. Orientação para punição	A criança pequena julga as ações por suas consequências físicas – medo da punição.
	O julgamento dos atos é baseado em suas consequências.	2. Hedonismo instrumental relativista (na faixa dos dez anos, aproximadamente)	Se os atos lhe proporcionarem prazer ou se satisfizerem sua necessidade, normalmente são considerados corretos.
Moralidade convencional ou moralidade de conformismo ao papel convencional (9 aos 15 anos)	Os valores morais constituem em cumprir as leis e manter a ordem social e em fazer o que os outros esperam de nós.	3. Moralidade de manutenção de boas relações e de aprovação dos outros	A criança já leva em consideração as outras pessoas. Sua preocupação é receber a aprovação de todos e para isso procura manter boas relações.
		4. Autoridade mantendo a moralidade	A honra e o dever estão relacionados com o cumprimento das leis da sociedade. A vida é concebida como sagrada em termos de seu lugar em uma ordem moral ou religiosa, de deveres e direitos.

(Continua)

(Quadro 6 – conclusão)

Moralidade pós--convencional ou moralidade de princípios morais aceitos conscientemente (< 15 anos):	Os valores morais são aceitos de forma consciente. Grande número de pessoas jamais consegue atingir este nível.	5. Moralidade de contrato e de lei democraticamente aceitos	O certo e o errado dependem de padrões aprovados pela sociedade como um todo, mas esses padrões podem ser mudados, se todos concordarem. A vida é valorizada como bem comum e um direito humano universal.
		6. Moralidade de princípios individuais de consciência	Com base nos princípios éticos abstratos, gerais e universais, o certo e errado são decididos pela consciência de cada um. Os princípios éticos estão relacionados à justiça, igualdade e dignidade de todos os seres humanos. Esses valores e princípios morais têm validade e aplicação independentes da autoridade.

Fonte: Adaptado de D'AUREA-TARDELI, 2004.

Percebemos, assim, que a partir do momento em que se consegue realizar um processo de interação social, propiciando um ambiente de discussão e operacionalização dos valores, pode-se desenvolver um indivíduo autônomo, construtor de sua história, em relação com a sociedade.

Percebemos também que as relações de cada sujeito com seus semelhantes, com o ambiente e com sua própria história interferem em sua articulação e sua relação com o Transcendente. Suas características afetivas, cognitivas e motoras serão, com certeza, elementos que, junto a sua relação em comunidades onde se expresse a religiosidade, poderão interferir de forma decisiva nas suas opções de religião. Essas opções religiosas, por sua vez, poderão nortear as demais opções, costumes, normas de vida.

Como a finalidade do Ensino Religioso não é de iniciação a uma confissão, esse componente curricular tem mais liberdade e, ao mesmo tempo, maior compromisso em abordar os dados que permitam favorecer o desenvolvimento integral do educando, visando à educação de pessoas capazes de fazer coisas novas, não apenas de repetir o que outras gerações já produziram. Busca-se, assim, a formação de indivíduos críticos que saibam verificar e não simplesmente aceitar os argumentos, de maneira que se posicionem como interventores, como investigadores, como cidadãos diante do mundo que se abre.

Síntese

O ESTUDO DAS PROFUNDAS EXPERIÊNCIAS do ser humano na busca do que o transcende leva à compreensão dos caminhos da história de pequenos e grandes fatos da sociedade – Wundt, James, Starbuck, Leuba, Freud e Jung, entre outros, são alguns estudiosos que se dedicaram a compreender como ocorre esse processo em diferentes áreas.

A compreensão dos aspectos que interferem no desenvolvimento moral e religioso do ser humano é importante para o entendimento do próprio desenvolvimento e das diferentes alterações biológicas e psíquicas ocorridas em seu crescimento. Essa preocupação se dá por considerarmos o homem como um ser dinâmico, em processo de constante desenvolvimento.

Como a criança é sensível à moral adulta e à cultura moral gerada no grupo de iguais, ao entendermos esse processo, identificamos os elementos que interferem na vida do educando e no seu desenvolvimento no aspecto religioso.

Indicação Cultural

O Auto da compadecida. Direção: Guel Arraes. Produção: Daniel Filho e Guel Arraes. Brasil: Columbia Pictures do Brasil, 2000. 104 min.

A morte é o grande desafio na experiência religiosa do ser humano. A leitura e releitura desse momento é comentada, romanceada, narrada, enfim, explorada de várias formas na literatura. Propomos que esse filme, adaptado do texto de Ariano Suassuna, provoque uma releitura do fenômeno religioso presente na cultura brasileira, desafio a ser realizado junto aos estudantes nas aulas de Ensino Religioso.

ATIVIDADES DE AUTOAVALIAÇÃO

1 Considerando que a conduta religiosa é o resultado de um processo, assinale verdadeiro (V) ou falso (F) sobre os fatores dos quais é consequência:

( ) Do próprio indivíduo, da comunidade e da tradição religiosa.
( ) Exclusivamente do indivíduo e da tradição religiosa.
( ) Do próprio indivíduo, da família e da instituição religiosa.
( ) Exclusivamente da família e da tradição religiosa.

Agora, assinale a alternativa que apresenta a sequência correta:

A) V, F, F, F
B) F, V, F, V
C) F, F, V, V
D) V, V, F, F

2 Leia o trecho a seguir e as alternativas que seguem.

Entender os aspectos que interferem no desenvolvimento moral e religioso do ser humano é fundamental para compreender o próprio desenvolvimento e as diferentes alterações biológicas e psíquicas envolvidas em seu crescimento. Toda essa preocupação se dá por:

I considerar-se o homem como um ser dinâmico, em processo de constante desenvolvimento.

II compreender-se, na diversidade dos tempos, o homem como um ser religioso.

III exprimir-se, em uma forma de devoção, numa postura que pode ser transferida.

IV não se exigir uma reestruturação mais profunda, independentemente de fatores biológicos, culturais e sociais.

Quais das alternativas anteriores estão (in)corretas? Assinale o item correspondente.

A) Todas as alternativas estão incorretas.
B) As alternativas a e b estão incorretas.
C) As alternativas c e d estão incorretas.
D) As alternativas b e c estão corretas.

3 As três estruturas de personalidade básica que atuam na gratificação dos instintos são:

A) Id, ego e superego, que acontecem espontaneamente.
B) Id, ego e superego, que acontecem intercaladamente.
C) Id, ego e superego, que acontecem esporadicamente.
D) Id, ego e superego, que acontecem simultaneamente.

4 Como a finalidade do Ensino Religioso não é de iniciação a uma confissão, esse componente curricular tem:

I   liberdade e ao mesmo tempo maior compromisso em abordar os dados que permitam favorecer o desenvolvimento integral do educando.
II dever de apenas repetir o que outras gerações já produziram, bem como a formação de indivíduos críticos que saibam verificar e não simplesmente aceitar os argumentos.
III oportunidade de posicionar os educandos como interventores, como cidadãos diante do mundo que se abre.
IV liberdade de alterar a visão de Deus.

Quais das alternativas anteriores estão (in)corretas? Assinale o item correspondente.

A) Todas as alternativas estão corretas.

B) As alternativas I e II estão corretas.
C) As alternativas III e IV estão incorretas.
D) As alternativas I e III estão corretas.

5 Se para Freud o inconsciente se forma a partir do consciente, para Jung o inconsciente está em movimento, é dinâmico e produz conteúdos, reagrupa os já existentes e trabalha numa relação de compensação e complementaridade com o consciente. Sobre essa afirmação, assinale a alternativa correspondente:
A) Esta é uma afirmativa incorreta do resultado de longos estudos e pesquisas.
B) Esta é uma afirmativa correta.
C) Esta é uma afirmativa incorreta.
D) Esta é uma afirmativa correta, mas ainda questionada por algumas lideranças pedagógicas.

Atividades de aprendizagem

Questões para reflexão

1 Como a questão da consciência religiosa estudada por psicólogos da religião e a discriminação religiosa estão interligadas, especialmente em um país como o Brasil (sendo que o senso comum afirma que essas práticas são inexistentes)?

2 A partir da notícia a seguir, elabore uma carta sobre a relação entre a consciência da liberdade religiosa e a cidadania brasileira, proposta pela Lei de Diretrizes e Bases da Educação Nacional (9.394/1996):

LIBERDADE RELIGIOSA

Ao longo da história do Brasil, os terreiros de candomblé foram vítimas de perseguição policial, da imprensa, da igreja católica, do poder público, de grupos neo-pentecostais e agora até mesmo de traficantes nas favelas cariocas.

Ao longo da história do Brasil, os terreiros de candomblé foram vítimas de perseguição policial, da imprensa, da igreja católica, do poder público, de grupos neo-pentecostais e agora até mesmo de traficantes nas favelas cariocas.

Casos de Babalorixás (pais-de-santos) expulsos dos locais onde moram são cada vez mais comuns. No início do ano 2000, o Babalorixá João* foi retirado por traficantes do terreiro que tinha na Zona Oeste do Rio. Segundo ele, os bandidos viam de forma negativa a presença do Babalorixá no local. Para trás, João deixou sete anos de trabalho, além de tudo que possuía.

"Chegaram no meu terreiro, me bateram e disseram que eu tinha 24h para sair. Aí não tive alternativa. Praticamente perdi tudo o que era meu pessoal porque na mudança priorizei mais as coisas do terreiro", conta ele, que pediu anonimato por medo de represálias.

Morando atualmente em outro estado, o Babalorixá diz que nunca mais teve coragem de voltar ao local e por precaução evita ir ao Rio de Janeiro. Nem mesmo coisas que deixou em casa de vizinhos ele voltou para retirar:

"A gente fica inseguro. Não tive coragem nem de vender o terreno. Hoje em dia me acho até uma pessoa vencedora por ter conseguido recomeçar. Muitos em meu lugar teriam desistido, mas confiei nos orixás e atualmente estou bem melhor".

Adeptos dessas religiões são obrigados a conviver com ofensas de todos os tipos. Seja nas ruas ou no trabalho. Nelson Silva de Oliveira é praticante do candomblé há 12 anos. Morador de São João de Meriti, na Baixada Fluminense, o professor de História diz serem frequentes as discriminações.

"Uma vez terminou a aula e eu estava conversando com um grupo de alunos sobre religião. Aí disse a uma aluna que eu era candomblecista. Ela levou um susto porque tem aquela visão de que o candomblé é coisa de pessoa sem esclarecimento. Outra vez meu colega disse que uma menina recebeu a pomba-gira (entidade cultuada na umbanda), trancaram-na numa sala da escola juntamente com outras quatro pessoas dizendo que ela estava com o demônio no corpo, sendo que na nossa religião nem existe a figura do demônio", esclarece o professor.

FALSA DEMOCRACIA RELIGIOSA

De acordo com o relatório da Secretaria Especial de Políticas de Promoção da Igualdade Racial (SEPPIR), das 314 denúncias recebidas entre 2005 e 2007, 17% diziam respeito à discriminação religiosa. Segundo o professor de direito e ex-ouvidor da SEPPIR, Luiz Fernando Martins da Silva, isso é mais comum do que se imagina.

"Basta ligar a televisão que é possível ver a desqualificação que alguns segmentos neo-pentecostais fazem com as religiões de matriz africana. Este é um exemplo de como não somos uma democracia religiosa", fala.

Essas desqualificações, segundo o advogado, vão desde ligação dos orixás do candomblé a demônios que fariam mal a saúde física e mental das pessoas, induzindo-as à pobreza e criminalidade, até o uso de palavras discriminatórias para descrever as religiões.

Em novembro de 2007, o advogado denunciou à procuradoria geral de justiça um pastor que apresentou ao departamento de polícia uma pessoa acusada de ter provocado a morte de um turista italiano na Zona Sul. O sacerdote alegou que ele havia se convertido e cometera o crime por estar povoado de demônios.

No dia seguinte, vários jornais notificaram o ocorrido dando nome aos demônios de Zé Pelintra e Exu Caveira. O caso está em andamento na 44 DP, em

Inhaúma. Mas, segundo Luiz Fernando, essas discriminações não ocorrem somente entre membros de religiões opostas:
"Muitas vezes o estado também pratica discriminação negando os direitos dessas religiões através de atrasos na emissão de documentos para regularização jurídica dos terreiros".

ESTRATÉGIAS PARA DRIBLAR O PRECONCEITO

Segundo dados censitários os seguidores de candomblé, em suas diferentes vertentes, e a umbanda somam 571.329 adeptos, ou seja, cerca de 0,34% da população brasileira. Número tido por pesquisadores como fidedignos, tendo em vista que boa parcela de seguidores dessas religiões declara-se "católico" e "espírita" aos recenseadores.

Isso acontece, em parte, devido ao estigma que essas religiões carregam. Segundo a Ialorixá (mãe-de-santo) Francis de Iemanjá, que tem um terreiro na Zona Norte do Rio, não faltam exemplos de preconceitos sofridos pelos praticantes: "Tenho uma filha de santo que trabalha em um colégio e não a deixam entrar com ojá (pano branco que alguns praticantes usam na cabeça e que faz parte do ritual). Outra, que morava numa favela da Zona Norte foi insultada e jogaram uma ponta de cigarro em sua roupa porque ela estava vestida de branco".

Mãe Francis diz que o preconceito começa quando os adeptos saem do culto. Para ela, é fundamental que aconteçam palestras que esclareçam para a população o que são as religiões de matriz africana.

"A gente sai do terreiro e na condução já somos discriminados. Quando entramos no ônibus todo mundo fica olhando como se fôssemos assombração. Acho que tem que ter mais palestras com as crianças e adolescentes nas escolas para explicar que nossa religião não é nenhum capeta. Nós cultuamos a natureza, o orixá", explica.

André Porto, coordenador do MIR - Movimento Inter Religioso do Rio de

Janeiro, e responsável na América Latina pela URI – Iniciativa das Religiões Unidas, também concorda com a Ialorixá que essas discriminações acontecem muitas vezes pela falta de conhecimento que as pessoas têm dessa religiões.

"Para haver respeito é importante um conhecer o outro. A discriminação muitas vezes vem da própria ignorância. Para entender a sua humanidade é preciso conhecer a humanidade do outro. Através do contraste acaba aprofundando as raízes da sua própria identidade", diz.

Desde a Eco-92, o MIR, que é ancorado ao ISER (Instituto de Estudos da Religião), vem realizando ações com objetivo de promover diálogo e cooperação entre os grupos religiosos. Atualmente o grupo congrega cerca de 20 religiões. As reuniões acontecem toda segunda terça-feira do mês, às 18h30, na Glória.

Os encontros têm objetivo de aproximar religiões para que, um dia, o sonho da Ialorixá Francis se realize: "Espero que um dia esse preconceito acabe e que possamos praticar nossos cultos e sairmos com nossos adereços sem sofrermos discriminação".

FONTE: VIVA FAVELA, 2008.

ATIVIDADE APLICADA: PRÁTICA

1 Reflita sobre sua vida religiosa. Procure relembrar ações, símbolos e participação em eventos de caráter religioso. O importante é verificar em sua história de que forma você participou ou rejeitou as questões relacionadas ao Transcendente. Provavelmente você terá dois momentos, um mais relacionado a uma instituição (igreja), e outro (ou outros) momento(s) religioso(s) que você construiu particularmente. É a sua história, fundamental para poder lidar com a leitura religiosa de seus alunos.

Cinco

Desenvolvimento da Experiência Religiosa

O DINAMISMO DAS CIÊNCIAS FEZ com que, a partir do século XVI, os cientistas reelaborassem sua cosmovisão. Para tal, contribuíram as descobertas de Copérnico, Galileu, Newton, Bacon, Descartes e outros. O universo passou então a ser visto como um sistema mecânico, passível de ser manipulado e explorado. A sociedade enfatiza o pensamento racional e rejeita tudo o que não possa ser comprovado cientificamente. Com essa "evolução", ocorre a ruptura entre as visões científica e religiosa. A representação do mundo, que, inicialmente, expressava-se apenas sobre fatos externos, passa a não mais satisfazer à ciência, que procura causas e estratégias capazes de contribuírem para a explicação dos fenômenos físicos, cósmicos etc.

A visão de mundo e a interferência científica têm se alterado e novos referenciais vêm sendo construídos. Existe um retorno à visão orgânica de mundo, à visão sistêmica, global ou holística (com Einstein, Stanislau, Grof, Capra, Heisenberg...), que aponta mudanças de paradigmas. Nessa perspectiva sistêmica, o universo deixa de ser visto como uma máquina, composta de uma profusão de objetos distintos, para apresentar-se como um todo harmonioso e indivisível, no qual há uma interdependência e uma inter-relação entre tudo que existe. A natureza é vista como um organismo vivo, dinâmico, capaz de reagir com uma linguagem própria às manipulações humanas, acionando seus mecanismos de defesa. Não existe mais um centro do cosmo, e sim sistemas interligados, interdependentes.

O homem percebe o Transcendente pela razão e pela experiência. É algo individual, único, intransferível, incomunicável. E sendo Deus inexplicável e indefinível, o ser humano acaba personalizando essa experiência, projetando-o conforme suas necessidades. Dessa forma é que todos os povos, no decorrer da história, conceituaram e transmitiram sua ideia sobre a transcendência, organizando seus ritos, cultos e expressões religiosas.

O cientista Albert Einstein publicou, em 1953, o livro *Mein weltbild*, traduzido sob o título de *Como vejo o mundo*[45]. Ele inicia sua obra dizendo:

Minha condição humana me fascina. Conheço o limite de minha existência e ignoro por que estou nesta terra, mas às vezes o pressinto. Pela experiência cotidiana, concreta e intuitiva, eu me descubro vivo para alguns homens, porque o sorriso e a felicidade deles me condicionam inteiramente, mais ainda para outros que, por acaso, descobri terem emoções semelhantes às minhas. E cada dia, milhares de vezes, sinto minha vida – corpo e alma – integralmente tributária do trabalho dos vivos e dos mortos. (p. 9)

Einstein apresenta ao público sua posição diante de questões como o sentido da vida, a pessoa humana, o bem e o mal, a religião e a ciência, a liberdade de ensino etc., as quais são pertinentes ao campo do Ensino Religioso. Essa posição é fruto de sua interação sociocultural, já que ele pertencia a uma família de tradição judaica, na qual a experiência do Transcendente é marcadamente forte.

Há outras visões sobre o ser humano que também afirmam a necessidade de elementos para se organizar uma sociedade perfeita. Assim, urge ao Ensino Religioso questionar o significado do ser humano, em todas as suas dimensões, inclusive a sua relação na cultura religiosa.

Martin Buber (1978-1965) apresentou uma antropologia fundada na relação "**eu-tu**". O ser humano, de acordo com Buber[27], constitui-se como pessoa nessa relação com o mundo material. A relação "eu-tu" é de reciprocidade: cada pessoa nasce despertada pela outra. E cada pessoa está imediatamente presente na outra, assim como a outra pessoa está presente naquela que a despertou. O que o "eu" descobre no "tu" e vice-versa não é uma subjetividade, mas realmente o outro, que é descoberto e conhecido por meio de uma comunicação imediata.

Também E. Levinas (1906-1995), citado por Aletti[2], ataca a concepção implícita de pessoa que prevalece de fato no ocidente moderno, contrariando a tradição bíblica, na qual o ser humano se descobre como pessoa na revelação de Deus.

Percebe-se, então, que, ao longo da história, o dualismo cartesiano **corpo-alma** vem sendo manipulado pelo ser humano, determinando as situações de opressão sobre o "**homem-todo**". Em 1537, o Papa Paulo III escreveu o breve *Pastorale officium*, afirmando que os índios, mesmo fora da Igreja, não poderiam ser privados de sua liberdade ou da posse de seus bens, porque eram homens salvos pelo sangue de Jesus Cristo e, portanto, capazes de receberem a fé.[13] Esse e outros exemplos demonstram como se pode utilizar de uma ideologia para justificar ações realizadas pelo homem em nome de Deus.

O pesquisador Jean Piaget[97] disse certa vez:

a identificação de Deus com a Vida em si mesma era uma ideia que me mobilizava até o êxtase porque me permitia, a partir daí, ver na Biologia a explicação de todas as coisas e mesmo a do espírito [...] O problema do conhecimento, na realidade, o problema epistemológico, apareceu-me imediatamente sob uma perspectiva completamente nova e como um tema de estudo fascinante. Isto me levou a tomar a decisão de consagrar minha vida à explicação biológica do conhecimento. (p. 32)

Algumas pessoas acreditam que nascemos prontos, com ideias e opções definidas. Outras defendem que é preciso desde cedo treinar e informar, pois as crianças nada sabem. Diante disso, surgem algumas questões: O homem tem liberdade para fazer suas opções e construir seus referenciais?; É válido impor informações prontas, acabadas e definidas, para que os nossos alunos construam suas experiências religiosas?; Tais informações irão possibilitar aos nossos alunos que eles assumam o papel de agentes transformadores da sociedade, mesmo sob a ótica de opção religiosa imposta?

O Ensino Religioso não pode perder de vista a contextualização do ser humano no tempo e no espaço, já que a visão que dela se tem influencia profundamente a postura do ser humano frente à sociedade e garante ou questiona a relação **homem-Deus**.

5.1
O DESENVOLVIMENTO DO CONHECIMENTO RELIGIOSO

É POSSÍVEL AFIRMAR QUE O desenvolvimento religioso está interligado ao desenvolvimento cognitivo e afetivo. Inicialmente, cada indivíduo está intimamente relacionado com as experiências religiosas da família. É possível perceber a fé como alicerce de algumas pessoas, a partir de suas orientações primárias. Além de ser um conhecimento ativo, pois exige processo de participação – de construir e interpretar a experiência –, a fé, desse modo, é vista como relacional, com características racionais e passionais.[2]

Ao longo da construção da experiência humana, no que concerne ao desenvolvimento religioso, encontra-se, sem dúvida, a alteração da visão de Deus, inicialmente com uma forte imagem antropomórfica, *a priori* assim imaginada pela própria criança, mas que pode ser igualmente percebida em adultos que não conseguiram superar suas imagens primitivas. Em crianças entre 3 e 5 anos, percebe-se um evidente antropomorfismo, com a imagem de Deus como um homem, em geral representado como idoso, com barba branca e vestes talares e extremamente poderoso, podendo promover tranquilidade ou medo a partir da influência social e da família.[2]

Além dessa vivência subjetiva, é preciso também compreender a fé como processo relacional com o outro e com as condições e profundezas últimas da existência. Nesse sentido, a fé tem três polos: **o eu, o outro e Deus**. E o relacionamento da pessoa com qualquer um desses polos implica uma inter-relação. Assim, se uma pessoa não se relaciona bem com outra, não estará bem consigo, tampouco em suas relações com o Transcendente.

Entende-se, dessa forma, que a fé engloba tanto a dimensão cognitiva como a afetiva, ou seja, a atitude de fé se dá no plano da razão e da emoção, de forma intimamente ligada. Assim como a pessoa usa de sua razão para compreender as questões fundamentais de sua fé religiosa, ela também manifesta amor, respeito, admiração, zelo, enfim, aspectos mais voltados à dinâmica da afetividade.

Constantemente nos defrontamos com situações da realidade que são verdadeiros desafios, situações-limite: a morte, a doença, o heroísmo, o amor, o nascimento, grandes escolhas, questões ligadas à origem e ao destino. Nesse campo da consciência, no qual o imaginário é ponto de tensão entre as realidades vividas e o Transcendente, o ser humano é desafiado a buscar com maior profundidade o sentido da vida e a ter a experiência com o infinito e com a totalidade.

O confronto entre a sensação de finitude e a busca de transcendência leva o homem a um constante conflito, que o faz buscar o Transcendente em rituais e em outras formas simbólicas. Antoine de Saint-Exupéry, no livro *O pequeno príncipe*[105], diz que, quando o mistério impressiona, não se ousa desobedecê-lo. Ao se defrontar com tudo que o cerca, o homem dá sentido novo ao desconhecido, ao "oculto", ou seja, ele cria algo novo.

Ao experimentar o novo, modificamos nossa maneira de ser e de ver o mundo, com ou sem radicalização, pois a experiência é a forma básica de aquisição de conhecimento. E nada chega ao nosso intelecto sem causar uma experiência pessoal. Segundo o *Novo dicionário Aurélio da língua portuguesa*[50], a palavra *experiência* significa *ato ou efeito de experimentar*, que por sua vez é o mesmo que *pôr à prova, tentar, ensaiar, praticar, verificar pelo uso, executar, pôr em prática, conhecer, avaliar pela prática, sentir, sofrer, suportar...* Já o verbete *religioso*, segundo Silveira Bueno[28], refere-se à *religiosidade*, ou seja, disposição ao religioso, referente à religião, que significa *religar, ligar de novo*.

Assim sendo, a religiosidade está intimamente relacionada com a experiência, no caso, com o Sagrado. A religiosidade é uma característica encontrada praticamente em todas as culturas, pela qual o espírito humano se abre à procura do divino, considerado, ao mesmo tempo, como misterioso e atraente. Essa religiosidade torna-se religião quando se exprime num sistema lógico de sinais, símbolos, ritos e palavras que, no tempo e no espaço, interligam ideias do Sagrado à experiência humana.

As tradições religiosas buscam oferecer uma orientação global que dê sentido a tudo que nos cerca, criando valores e normas e estabelecendo um universo simbólico que aponta para o além do cotidiano. Nesse contexto, é possível, pois, afirmar que a experiência religiosa, no processo de desenvolvimento do ser humano, é concreta, com diferentes intensidades. Esse fato provoca o defrontar com o misterioso – algo que supera as realidades deste mundo ou vai além delas –, ao mesmo tempo temível e fascinante. É temível porque, estando como que superior ao ser humano, escapa totalmente do seu controle, e, ainda, fascinante, pois se apresenta como a última razão de ser de todas as coisas. Toda essa descrição fenomenológica da experiência religiosa foi elaborada por Rudolf Otto[92].

As diferentes reflexões sobre a experiência religiosa nos conduzem ao estudo e à compreensão do fato religioso, que é, antes de tudo, um "fato humano", isto é, algo na vida humana, como a linguagem, a cultura e a arte. Tudo cria raízes no indivíduo e, por sua vez, extrapola para a sociedade por ele integrada, nas suas relações[100].

5.2
Os estágios da fé segundo Fowler

O TRABALHO DE JAMES FOWLER[53], que apresenta a fé como orientação primária da existência da pessoa, é de grande importância. Para ele, sendo a fé um processo de conhecimento ativo e participativo, ela é sempre bipolar, social ou interpessoal. Muitas vezes reduzimos essa perspectiva à experiência das religiões, que, por meio de suas estruturas, procuram envolver crianças e jovens em suas propostas, incutindo propósitos e responsabilidades para com uma nova sociedade, trabalhando com valores, tais como o amor e a solidariedade. Esses e outros princípios não são percebidos pelas crianças como conceitos abstratos, mas sim em relação à experiência de vivenciá-los nas relações interpessoais.

Fowler[53] identificou no desenvolvimento da capacidade humana para a atividade de fé sete estágios distintos entre si e que se processam de forma sequencial crescente e acumulativa. Um estágio não é mais importante que outro, porque cada um revela em si características necessárias para o amadurecimento da fé (entendida aqui como religiosidade).

- 1º estágio – **Fé indiferenciada** (o bebê, ante a aquisição da linguagem e, consequentemente, da função simbólica):
  A criança ainda não consegue se diferenciar do outro e do ambiente. Tudo é dela e para ela. As figuras materna e paterna são importantes para propiciar uma sensação de valorização na criança, sentindo-se amada e querida quando seus pais lhe dispensam os cuidados necessários. Está aqui o que dá base à criança, para que possa formar uma concepção de Deus em quem pode confiar.

- 2º estágio – **Fé intuitivo-projetiva** (2 a 6 anos):
  Envolve a aquisição da linguagem e o despertar da imaginação manifestada no jogo simbólico. Fato e fantasia ainda não se diferenciam nitidamente. A confiança é estabelecida de maneira intuitiva e por imitação. O conhecimento se dá mais pela intuição e a fé começa a se apresentar por meio da atitude da criança de imitar os adultos em suas ações e gestos, especialmente dos pais ou de quem os substitua. A afetividade predomina em detrimento da razão. A autoridade está centrada nas figuras paternas e nos adultos mais

significativos, bem como a confiança, e o mundo é conhecido pelo sentido que intuitivamente ressalta na imitação desses adultos (daí o nome do estágio, *intuitivo-projetivo*). Deus é imaginário, de forma antropomórfica e mágica. A memória é uma aquisição importante, como também a autoconsciência, que proporciona a diferenciação eu/outro. O egocentrismo primário diminui, mas não se esgota, iniciando a capacidade de estabelecer empatia com o outro, mesmo que de forma rudimentar.

- **3.º estágio – Fé mítico-literal (7 a 12 anos):**

A criança questiona as imagens de fé trazidas do estágio anterior, testando-as de acordo com os ensinamentos dos adultos significativos (momento de passagem de uma moral heterônoma para a autonomia). A reversibilidade de pensamento permite testar suas próprias percepções.

A fé é "corporativa". Como o grupo tem grande influência, a criança desenvolve um sentimento de que pertence a um grupo de fé, caso o meio o proporcione. Com isso aprende a linguagem das lendas da comunidade específica. Há maior consciência da diferenciação entre o eu e o coletivo, superando o egocentrismo do estágio anterior. Os mitos e enredos das histórias são assimilados literalmente. Daí o nome desse estágio, *mítico-literal* (por isso devemos tomar cuidado com a narrativa de parábolas...). Apesar do raciocínio preponderar sobre a intuição, a criança ainda precisa de referências concretas para operar com os objetos do conhecimento. A criança começa a estabelecer diferenças entre os conceitos de natural e sobrenatural. Contudo, Deus continua a ser entendido de maneira antropomórfica.

Há um aumento da capacidade de empatia, mas, por enquanto,

apenas com o grupo imediato com o qual o indivíduo se identifica.

- 4º estágio – Fé sintético-convencional (começa por volta dos 21 anos e pode durar bastante, até a idade adulta. Para alguns, torna-se constante):

Período de aquisição de um raciocínio formal e construtivo da identidade e autoimagem. O indivíduo se pergunta sobre o significado real das histórias que aprendeu no estágio anterior. A fé se estabelece muito mais pela convenção popular, segundo os critérios daquilo que "dizem", ainda não sendo possível uma síntese pessoal. Por isso, é um estágio "convencional" ou "conformista", no qual o sujeito sente necessidade de corresponder às expectativas dos outros (não mais os pais, mas os pares significativos no grupo).

Há agora muitos "teatros de ação", isto é, um leque de segmentos sociais com os quais a pessoa se relaciona e se comporta de maneira diferenciada, de acordo com as circunstâncias e expectativas. O relacionamento com cada um desses segmentos produz uma diversidade de formas de fazer sentido, gerando conflito interior. A pessoa, então, tende a ceder a um deles, vendo-o como autoridade, ou então, vira "Maria vai com as outras", assumindo a forma de dar sentido do grupo no qual está.

- 5º estágio – Fé individuativo-reflexiva (por volta dos vinte anos e não antes dessa idade. Para um número expressivo de pessoas, desenvolve-se posteriormente, ou mesmo jamais chegam a atingir esse estágio):

A síntese convencional do estágio anterior entra em colapso em virtude da incongruência entre as expectativas pessoais e as dos diferentes grupos. Há a percepção de que não se pode mais crer "cegamente" nas altas autoridades, nem tampouco estar à mercê das várias concepções dos diversos grupos, o que leva o indivíduo a assumir responsabilidades por compromissos, atitudes e crenças.

Aumenta a percepção dos paradoxos e polaridades da vida, levando a decisões diante de tensões, especialmente entre aspectos que dizem respeito a posições individuais e coletivas (particular x universal). A atividade de fé tenta manter o equilíbrio entre essas tensões, apesar de maior tendência para optar por uma delas.

A adesão a uma comunidade de fé se dá muito mais por opção pessoal. Esse estágio é, pois, uma nova capacidade de se permanecer sozinho, e a classe ou grupo são refletidamente escolhidos, mais do que simplesmente aceitos ou recebidos, como no estágio anterior (daí o nome *individualizado-reflexiva*).

- 6º estágio – **Fé conjuntiva** (incomum antes da meia-idade. Alguns adultos manifestam suas características entre os 35 e 40 anos):
Os paradoxos com os quais a pessoa se confrontou no estágio anterior são, agora, assumidos ou incorporados. A vida não é mais isto ou aquilo, mas é a disposição de conviver com suas ambiguidades e paradoxos. Isso significa estar aberto para lidar com os opostos da vida de forma não-radical ou excludente, mas coordenando as ambivalências num dinamismo dialético.
Há um reconhecimento de que a posição pessoal não é a melhor, a verdadeira, com grandes predisposições para o diálogo com o outro, numa troca de buscas de sentido. Uma pessoa típica desse estágio percebe que nossos símbolos não passam de "vasos de barro" (frágeis), mas que encerram tesouros de infinito valor.

A fé remete-se aos padrões do passado (a beleza da fé da infância é retomada, mas sem infantilização). Reafirmam-se velhas verdades de uma forma nova. É o estágio da interdependência, no qual a pessoa é capaz de depender dos outros sem perder sua independência. A pessoa se sente "cidadã do mundo", capaz de um amor que ultrapassa fronteiras étnicas, raciais etc., vendo a humanidade como uma grande família.

- 7º estágio – Fé universalizante (estágio atingido raramente pela imensa maioria dos seres humanos e, portanto, de difícil precisão de uma idade determinada na qual possa parentar-se. Contudo, é mais lógico que seja atingido na velhice.):
O "Eu" da pessoa já não é mais ponto central. Ao contrário, está com e coloca-se no lugar dos últimos e excluídos da sociedade. Deixa-se consumir para que possa colaborar para a transformação da realidade presente, tendo em vista uma realidade nova, voltada para o Transcendente.
A vida é fruição, levada tanto com seriedade quanto com espaço para o lúdico. Sua fé é mais ampla, menos centrada no "Eu", nos grupos que a circunscrevem. Para ela, o Reino de Deus é uma realidade experimentada, tamanha a comunhão com o Transcendente.

Vários elementos interferem no processo de aprendizagem do indivíduo, já que, nesse processo de comunicação, a mensagem proposta pode ser profundamente distorcida por uma inadequada compreensão dos elementos envolvidos. Um dos fatores significativos é, justamente, o processo de desenvolvimento individual.

Outro elemento a ser considerado é o "magismo", característica encontrada no período anterior aos sete anos, que pode interferir significativamente na formação dos conceitos e da experiência de cada indivíduo. O processo de orientação desse desenvolvimento pode conduzir a uma "esterilidade" no que se refere a uma experiência significativa da onipotência divina. Nesse sentido, é importante, ao trabalhar os temas religiosos, preocupar-se em apresentar com fidelidade a mensagem proposta, evitando-se a produção de fantasias, de elementos que não contribuem para a apreensão do significado em si, mas, ao contrário, que mantêm adultos em um estágio de artificialismo e antropomorfismo no campo religioso[2].

Percebe-se que os temas religiosos podem exercer grande influência no processo de desenvolvimento de cada indivíduo, o que, entre crianças de quatro a seis anos, manifesta-se numa concepção muito simples de divindade, como de um ser que age e se manifesta de modo mais concreto que abstrato. Nesse momento, a questão religiosa pode ser importante para a criança em relação ao espaço que ocupa nos ambientes de que participa, sobretudo a família.

Entre sete e nove anos, há maior curiosidade em torno da divindade e sua relação com a vida humana. A concepção de divindade é fortemente interpessoal, dependendo do interesse e da participação dos pais. Entre dez e doze anos, percebe-se já uma concepção mais abstrata e espiritualizada de Deus, em consequência do processo de formação anteriormente realizado[64].

Na adolescência, período de construção da síntese pessoal e da própria identidade, é muito forte a influência das convenções socialmente estabelecidas. O confronto das elaborações pessoais com o convencional é favorecido nas aulas de Ensino Religioso, por meio de atividades de reflexão, participação, convivência comunitária e parceria na construção coletiva do conhecimento. Assim, os educandos estarão sendo conduzidos a uma fé adulta que será, progressivamente, reflexiva, conjuntiva e universalizada.

SÍNTESE

NOVOS REFERENCIAIS VÊM SENDO CONSTRUÍDOS a partir das mudanças de visão de mundo e da interferência científica. Valoriza-se um retorno à visão orgânica de mundo, à visão sistêmica, global ou holística. No trabalho de James Fowler, a fé é apresentada como orientação primária da existência da pessoa, um processo de conhecimento ativo e participativo, sendo sempre bipolar, social ou interpessoal.

A experiência religiosa é um fato humano como a linguagem, a cultura e a arte. Nesse contexto, é possível afirmar que a experiência religiosa, no processo de desenvolvimento do ser humano, é concreta, com diferentes intensidades. Assim, a compreensão do fato religioso e da experiência religiosa pode levar à compreensão do constante conflito gerado entre a sensação de finitude e a busca de transcendência. Os valores e normas criados e estabelecidos pelas tradições religiosas apontam para um universo simbólico além do cotidiano. Todo esse processo busca oferecer uma orientação global que dê sentido a tudo que nos cerca.

INDICAÇÃO CULTURAL

CASAMENTO grego. Direção: Joel Zwick. Produção: Gary Goetzman, Tom Hanks e Rita Wilson. EUA: Europa Filmes, 2002. 95 min.

Essa história reflete a relação cultural de uma comunidade, a experiência das pessoas no campo social, antropológico, psicológico e moral desses indivíduos. Ao assistir ao filme, é interessante reler a relação dos personagens e a construção da identidade cultural religiosa da comunidade em questão.

Atividades de Autoavaliação

1 Assinale verdadeiro (V) ou falso (F) nas afirmativas que complementam a frase a seguir:

O Ensino Religioso não pode perder de vista a contextualização do homem no tempo e no espaço, já que [...]

( ) [...] a visão dessa contextualização tem influência profunda na postura do ser humano frente à sociedade e garante ou questiona a relação homem-Deus.

( ) [...] a visão dessa contextualização em nada interfere na postura do ser humano frente à sociedade e garante ou questiona a relação homem-Deus.

( ) [...] a visão dessa contextualização influencia profundamente a postura do ser humano frente à ele mesmo e garante ou questiona a relação homem-Deus.

( ) [...] a visão dessa contextualização influencia profundamente a postura do ser humano frente à ele mesmo e impede a relação homem-Deus.

Agora, assinale a alternativa que apresenta a sequência correta:

A) V, F, F, F
B) F, V, V, V
C) V, V, F, F
D) F, F, V, V

2 Assinale a alternativa que melhor complementa a frase a seguir. Lembrando que não é função do Ensino Religioso escolar promover conversões, ele deve, então:

A) possibilitar um ambiente favorável para a experiência do

Transcendente, em vista de uma educação que atinja a dimensão espiritual.

B) viabilizar um ambiente favorável para a experiência do Transcendente, em vista de uma educação integral, atingindo as diversas dimensões da pessoa.

C) possibilitar um ambiente favorável para o proselitismo.

D) possibilitar ambiente participativo, priorizando as informações das tradições religiosas para, assim, alcançar um desenvolvimento emancipatório.

3 Qual das afirmativas completa corretamente o texto a seguir?

Possibilitar a cada indivíduo a experiência da dimensão religiosa, para uma posterior organização das próprias ideias e do compromisso com uma das múltiplas e diversificadas formas de expressão da religiosidade humana, [...]

A) [...] é a conquista já alcançada pelos educadores que atuam na área do Ensino Religioso.

B) [...] é a conquista que as autoridades educacionais já assumiram para a área do Ensino Religioso.

C) [...] é a conquista já alcançada pelos sacerdotes que atuam na área do Ensino Religioso.

D) [...] é o grande desafio que a história apresenta aos educadores que atuam na área do Ensino Religioso.

4 O trabalho de James Fowler, que apresenta a fé como orientação primária da existência da pessoa, é de grande importância. A esse respeito, julgue as afirmativas a seguir:

( ) Fowler identificou, no desenvolvimento da capacidade humana para a atividade de fé, sete estágios distintos entre si e que se processam de forma sequencial crescente e acumulativa.

( ) Os estágios apresentados por Fowler revelam em si características necessárias para o amadurecimento da fé. Portanto, um estágio não é mais importante que outro.

( ) O 1º estágio é o da fé indiferenciada e o 2º é o da fé intuitivo-projetiva.

( ) A percepção de que não se pode mais crer "cegamente" nas autoridades, tampouco estar à mercê das várias concepções dos diversos grupos, levando o indivíduo a assumir responsabilidades por compromissos, atitudes e crenças, é uma característica do 5º estágio: a fé individuativo-reflexiva.

Das alternativas anteriores, quantas estão (in)corretas?

A) Duas alternativas estão parcialmente corretas.
B) Todas as alternativas estão corretas.
C) Duas alternativas estão corretas.
D) Três alternativas estão incorretas.

5 A fé é como um processo relacional com o outro, com as condições e profundezas últimas da existência. Nesse sentido, a fé tem três polos: o eu, o outro e Deus. E o relacionamento da pessoa com qualquer um desses polos implica uma inter-relação, que está presente na seguinte afirmativa:

A) Se uma pessoa não se relaciona bem com outra, não estará bem consigo e tampouco em suas relações com o Transcendente.

B) Se uma pessoa não se relaciona bem com outra, estará bem consigo, assim como em suas relações com o Transcendente.

C) Se uma pessoa não se relaciona bem com outra, não estará bem consigo, mas estará bem em suas relações com o

Transcendente.

D) Se uma pessoa se relaciona bem com outra, estará bem consigo, assim como em suas relações com o imanente.

ATIVIDADES DE APRENDIZAGEM

QUESTÕES PARA REFLEXÃO

1 A partir das visões do Transcendente transcritas no quadro a seguir, estabeleça uma relação entre as visões de religião que encontramos em nossa sociedade e que interferem na discussão e organização das aulas de Ensino Religioso.

Albert Einstein (1981)	"Minha condição humana me fascina. Conheço o limite de minha existência e ignoro por que estou nesta terra, mas às vezes o pressinto. Pela experiência cotidiana, concreta e intuitiva, eu me descubro vivo para alguns homens, porque o sorriso e a felicidade deles me condicionam inteiramente, mais ainda para outros que, por acaso, descobri terem emoções semelhantes às minhas. E cada dia, milhares de vezes, sinto minha vida – corpo e alma – integralmente tributária do trabalho dos vivos e dos mortos".
Martin Buber (2004)	Apresentou uma antropologia fundada na relação "eu-tu". O ser humano, de acordo com Buber, constitui-se como pessoa nessa relação com o mundo material. A relação "eu-tu" é de reciprocidade: cada pessoa nasce despertada pela outra. E cada pessoa está imediatamente presente na outra e imediatamente está presente nela assim como a outra pessoa está presente naquela que a despertou. O que o "eu" descobre no "tu" e vice-versa não é uma subjetividade, mas realmente o outro, que é descoberto e conhecido por meio de uma comunicação imediata.

Papa Paulo III, 1537 (In braido, 1991)	Escreveu o breve *Pastorale officium*, afirmando que os índios, mesmo fora da Igreja, não poderiam ser privados de sua liberdade ou da posse de seus bens, porque eram homens salvos pelo sangue de Jesus Cristo e, portanto, capazes de receberem a fé. Esse e outros exemplos demonstram como se pode utilizar de uma ideologia para justificar ações realizadas pela humanidade em nome de Deus.
Jean Piaget (1971)	"[...] a identificação de Deus com a Vida em si mesma era uma ideia que me mobilizava até o êxtase porque me permitia, a partir daí, ver na Biologia a explicação de todas as coisas e mesmo as do espírito [...] O problema do conhecimento, na realidade, o problema epistemológico, apareceu-me imediatamente sob uma perspectiva completamente nova e como um tema de estudo fascinante. Isto me levou a tomar a decisão de consagrar minha vida à explicação biológica do conhecimento".
Carl G. Jung (1992)	"Não acredito em Deus, eu o vejo". Assim, nos últimos anos de sua vida, essa influência do sobrenatural o fez refletir sobre o *homo religiosus*, o fenômeno religioso. Em sua opinião, as religiões se acham tão próximas da alma humana, como tudo quanto elas são e exprimem. A entrega que Deus faz de si mesmo é um livre ato de amor, ao passo que o sacrifício em si é uma morte dolorosa, sangrenta e cruel. Esse cientista insiste que Deus é uma experiência primordial na vida dos homens e que, desde épocas imemoriais, a humanidade se entrega a um esforço inaudito para expressar e explicar, de algum modo, essa experiência inefável, para integrá-la à sua vida mediante a interpretação e o dogma, ou então negá-la. Enquanto para a psicologia ocidental o espírito é uma função da psique, na mentalidade de um indivíduo no Oriente o espírito é um princípio cósmico. No Ocidente, a experiência passa pelo contemplar, sentir, admirar.

Erich Fromm (1966)	Conceitua *religião* como qualquer sistema de pensamento e de ação seguido por um grupo que confere ao indivíduo uma linha de orientação e um objetivo de devoção, independente ou não da experiência de divindades ou forças sobrenaturais. Ele alerta que algumas pessoas acreditam poder resolver os problemas por meio da religião. E, ao se referir a Jung, diz que este foi o primeiro psicanalista a compreender que tanto os mitos como as ideias religiosas exprimem verdades profundas. A experiência religiosa constitui fenômeno emocional bastante específico, caracterizado pela submissão a um poder superior, cujo nome pode ser *Deus* ou *inconsciente*.
Sigmund Freud (In Aletti, 1992)	A religião tem sua origem no sentimento de incapacidade da pessoa humana, que se vê confrontada com as potências exteriores, provindas da natureza, e com seu próprio dinamismo instintivo. Para ele, a religião aparece no momento em que a pessoa ainda não pode usar a razão para dominar as primeiras forças, nem reprimir ou controlar as segundas. Acrescenta ainda que a religião é a repetição de uma experiência infantil e compara essa área com as neuroses desse período. Para ele, a religião coloca a moralidade humana sobre alicerces instáveis.
Teilhard de Chardin (1970)	Percebendo que a pessoa humana é um ser dinâmico e que, por isso, está sempre em busca de soluções para si mesma, vê o universo como uma grande descoberta. Com o desenvolvimento das ciências, o homem é desafiado a buscar e a perceber no cosmos a grande sinfonia universal, como resposta para as interrogações existenciais. Em nosso tempo, homens considerados brilhantes refazem sua história pessoal de descoberta a partir da profunda experiência religiosa.

2 Produza um texto como síntese dessa sua reflexão.

ATIVIDADES APLICADAS: PRÁTICA

1 Escolha um tema de cultura religiosa local e organize com esse mesmo tema duas propostas de aula: uma para alunos de idade entre 8 e 9 anos e outra para adolescentes entre 13 e 14 anos.

2 Depois de elaborar esses dois planejamentos, justifique-os, utilizando como referência os estudos deste capítulo sobre o desenvolvimento religioso. Redija essa justificativa.

Seis

Conhecimento religioso: resultado de um processo

O SER HUMANO CONSTRÓI SUA história quando integrado em seu contexto histórico-social. Assim, o homem reflete sobre si mesmo e sobre a comunidade em que está inserido, colocando-se diante dos inúmeros desafios que precisa transpor, exigindo que descubra a si mesmo e se encontre, podendo compactuar com a realidade ou mesmo transformá-la.

Em todo esse processo o homem elabora sua própria identidade, que pressupõe, do mesmo modo, a liberdade e a autonomia para que se torne sujeito a partir do que necessita, como, por exemplo, da família, da escola, da linguagem, da cultura, da sociedade etc.

Não se pode esquecer que o homem é um ser livre e que tal adjetivo, por sua vez, não é tão somente uma qualidade, mas sim uma emergência da pessoa, supondo a identificação da necessidade e do desejo, a capacidade de elaborar hipóteses, estratégias e metodologias para sua realização, além de supor possibilidades de escolha e poder de decisão. Podemos dizer, de outra forma, que o ser humano sabe o que anseia porque escolhe e decide a sua experiência diante das possibilidades que se lhe apresentam. Ele parte da criação da sua própria história e reflete sobre as estratégias e as formas de conseguir o que deseja.

Propondo uma concepção de diálogo e releitura do contexto social em que o sujeito vive, existe a proposição de ressignificação dos conteúdos, isto é, um olhar que vai além da busca da própria resposta das questões existenciais do ser humano, podendo impulsioná-lo a novas interações. A sociabilidade é uma de suas características mais significativas, provocando a necessidade de comunicação, que ele faz pelas mais diferentes formas de linguagem.

Ao se reconhecer constituinte e integrante, formador do mundo, o ser humano também se conscientiza da necessidade de coexistência. Ele se descobre racional, um ser de linguagem que tem consciência da necessidade de conviver com o que o cerca, especialmente com as outras pessoas. Isso faz dele, além de racional, um ser histórico, pois, convivendo consigo mesmo, com os outros e com a natureza, vai formando e compartilhando o mundo.

O homem sempre age de diversas maneiras, cria padrões de comportamento, crenças e valores. A complexidade do ser humano o expõe ao paradoxo de viver como autônomo e/ou subjugado a ideias, objetos e condutas. Essa capacidade do sujeito o torna auto-organizador de seu processo vital e não exclui a dependência relativa ao mundo exterior, aos grupos, à sociedade e ao ecossistema. Então a auto-organização é, na verdade, "auto-eco-organização", porque a transformação extrapola o seu ser.

O conhecimento da vida é o resultado do diálogo homem-natureza e natureza-homem, ou seja, uma interdependência. E, mais do que isso, é uma construção conceitual que vem sendo elaborada e criada a partir do mútuo condicionamento, pensamento e prática. Como processo e resultado, o conhecimento consiste na superação da dicotomia sujeito-objeto e é sempre inacabado, contínuo e progressivo. É uma aproximação crítica da realidade, que vai desde as formas de consciência mais primitivas até a mais crítica e problematizadora e, consequentemente, criadora. Implica a possibilidade de transcender o âmbito da simples apreensão da realidade para chegar a uma esfera crítica, na qual o homem assume uma posição epistemológica: como expõe Mizukami[81], a realidade se dá como um objeto cognoscível ao homem.

Consequentemente, o conhecimento não é linear, mas complexo, pois integra os modos simplificadores do pensar e também nega os resultados mutiladores, unidimensionais e reducionistas. Isso porque o próprio ser humano é complexo, concentrando fenômenos distintos e diversos, capazes de influir em suas ações e transformá-lo sempre, tal como ele faz com o conhecimento.

A partir dessa perspectiva, consideram-se os conteúdos curriculares como meios para o desenvolvimento de estruturas que possibilitem a relação, a compreensão e a posterior assunção das opções religiosas de cada indivíduo. Para tal, é necessário que o professor utilize uma comunicação completa, a linguagem total: verbal (categorias racionais), simbólica (categorias intuitivas), gestual (motora) e interior (contemplativa), o que implica alteração na prática escolar, já que o conteúdo e a forma são meios e não finalidades do ensino. Propõe-se um currículo centrado nas relações interpessoais e nas vivências socioculturais, enfatizando a compreensão e não a simples memorização de fatos básicos, possibilitando a geração de novos. Assume-se a necessidade de conhecimento, pelo professor, dos elementos básicos e dos sistemas simbólicos indispensáveis a cada nova aprendizagem.

Essas considerações conduzem a uma reflexão sobre o saber, compreendido como um conjunto de conhecimentos metodologicamente adquiridos, mais ou menos sistematizados e susceptíveis de serem transmitidos por um processo pedagógico de ensino. Em um sentido lato, pode ser aplicado à aprendizagem de ordem prática (saber fazer) e, ao mesmo tempo, às determinações de ordem propriamente intelectual e teórica. Portanto, uma das ideias mais importantes da epistemologia contemporânea é aquela que afirma ser a investigação científica uma persistente tentativa de interpretar a natureza a partir de um marco teórico pressuposto.

É possível, ainda, dizer que no saber e no pré-saber, antes do surgimento de uma disciplina científica, há sempre uma primeira aquisição empírica. No âmbito coletivo, esses estados mentais são constitutivos de uma certa cultura. Em vista da construção desse mesmo saber, o homem fragmentou o conhecer, mutilando-o nos mais variados aspectos, sobretudo distanciando esses fragmentos e procurando compreendê-los em separado. Na realidade, percebe-se que o conhecimento que se transforma em ciência é a busca do acumular de verdades científicas. É um campo sempre aberto, pelo qual se combatem não só as teorias, mas também os princípios de explicação, isto é, as visões de mundo e os postulados metafísicos. Essa luta tem e mantém suas regras do jogo: o respeito aos dados e à obediência a critérios de coerência.

Podemos dizer, portanto, que o processo de aprendizagem é simultaneamente assimilativo e acumulativo, na medida em que envolve, de fato, incorporar algo do meio ambiente no "eu" e colocar algo do "eu" no meio ambiente. Nessa perspectiva, podemos compreender três modos de aprendizagem: um que enfatiza o processo assimilativo, outro que enfatiza o processo acumulativo e ainda um terceiro, que destaca a integração dos outros dois modos de aprendizagem:

- O primeiro se dá numa proposta de **aprendizagem operativa**, que enfatiza a inteligência da criança, propondo o confronto de antíteses lógicas, não - paradoxais. A inteligência operativa interfere no processo do desenvolvimento das operações mentais e dá, outrossim, origem à inteligência prática.
- O segundo modo é denominado **aprendizagem figurativa**, em que alguns aspectos da realidade não podem ser reconstruídos ou

redescobertos em qualquer extensão considerável e devem ser, por isso, preponderantemente copiados. A linguagem é parcialmente adquirida desse modo. Em geral, a aprendizagem figurativa está mais vinculada a processos associados do que racionais. O conhecimento que resulta da aprendizagem figurativa é denominado de *inteligência simbólica*, relacionada com os sistemas de sinais.

• O terceiro modo, a **aprendizagem conotativa**, é a fusão das concepções anteriores. Grande parte da inteligência prática é inconsciente, enquanto que a inteligência simbólica em geral é consciente. A aprendizagem conotativa envolve expressamente a construção de significados, o estabelecimento de conexões entre conceitos e símbolos figurativos. A motivação para a aprendizagem conotativa é simultaneamente intrínseca e social[46].

Na realidade, a aprendizagem é um processo significativo e complexo, que envolve o ser como um todo. Busca-se sempre a resolução de situações a partir de aprendizagens novas, especialmente quando contamos com a ajuda de nossos semelhantes. Muitas vezes, não conseguimos executar com êxito as mesmas tarefas, quando dispomos unicamente de nossos próprios meios, em razão da interdependência entre as pessoas.

A escola se constitui em um espaço privilegiado para essa questão da aprendizagem sistematizada, desde que seja provocadora e compreenda, num sentido totalmente amplo, a cultura da sociedade. Nesse momento, recorde-se a proposta grega da *paideia**, não como um aspecto

---

* Definida por Platão como a essência da verdadeira educação, *paideia* está relacionada à prática educativa e à formação cultural do cidadão. Dentro desse conceito, a ideia de educação está ligada à própria cultura. (JAEGER, 1995)

exterior da vida, incompreensível, fluido e anárquico, mas como a autenticidade do ser humano, que envolve aspectos físicos, estéticos, morais, religiosos e políticos, ou seja, uma educação integral. Todo esse processo é histórico e contextualizado e implica no contexto cultural.

Pensar a escola como instituição que trabalha os processos de desenvolvimento dos alunos e que se constitui como lugar privilegiado da educação é pensar uma totalidade. A sala de aula é uma síntese constituída de singularidades e diferenciações, de riquezas e mazelas pessoais que lá se encontram e realizam suas trocas. A sala de aula é representada pelos alunos – pelas suas peculiaridades históricas de vida, pelo seu processo diferençado de crescimento – e também pelo professor, com sua cultura e suas concepções[3]. Em sala de aula, criam-se situações que propiciam a ação do aluno, sua reflexão sobre o significado dos símbolos, favorecendo a compreensão da interdependência dos conceitos e dos seres. Para tal, não basta compreender o sujeito, é de fundamental importância saber qual a ótica de interação dele com o objeto e a clareza do que se pretende alcançar em sala.

Na busca pela definição de propostas pedagógicas para as escolas e dos conceitos específicos para cada área de conhecimento, sem desprezar a interdisciplinaridade e a transdisciplinaridade entre as várias áreas, as propostas curriculares dos sistemas e das escolas necessitam articular fundamentos teóricos que embasem a relação entre conhecimentos e valores voltados para uma vida cidadã, como prescrito pela Lei de Diretrizes e Bases da Educação Nacional, a LDBEN. O ensino fundamental precisa estar voltado para o desenvolvimento da capacidade de aprender a conhecer, a ler a vida, tendo como meios básicos o pleno domínio da leitura, da escrita e do cálculo, e também deve buscar e propagar a compreensão do ambiente natural e social, do sistema político, da tecnologia, das artes e dos valores em que se fundamentam as sociedades, desenvolvendo, assim, a capacidade de aprendizagem, fortalecendo vínculos de família, laços de solidariedade humana e de tolerância. Nesse cenário, necessita-se do docente o conhecimento para intervir no processo de aprendizagem em uma perspectiva problematizadora, pois o foco assumido no ensino conduz a processos variáveis.

Ao propor atividades significativas, lúdicas, de manipulação e registro, o professor possibilita a invenção, a descoberta, a criatividade e a compreensão. Ao sistematizar o estudo, está na realidade favorecendo a assimilação de novo conhecimento, ou seja, possibilitando ao educando uma aprendizagem operativa, que implica a construção de conceitos, de modo a permitir um reprocessar de informações que o aluno com certeza já possui em parte.

Para que essa proposta ocorra, torna-se de fato necessário ocupar-se do processo de aprendizagem, o que implica motivação do aluno para que tome para si a necessidade e a vontade de aprender. Aquele que estuda apenas para passar de ano ou para obter notas não terá motivo suficiente para empenhar-se em profundidade na aprendizagem. Mas, conforme a Introdução aos Parâmetros Curriculares Nacionais[*] (PCN), "A disposição para a aprendizagem não depende, por outro lado, exclusivamente do aluno. Demanda que a prática didática garanta condições, a fim de que essa atitude favorável se manifeste e prevaleça" (p. 62).

Propondo atividades que valorizem o processo e a qualidade dos

---

[*] Para ler o texto da Introdução aos Parâmetros Curriculares Nacionais, de 1997, acesse: <http://portal.mec.gov.br/seb/arquivos/pdf/livro01.pdf>.

resultados obtidos, o professor está incentivando uma atitude investigativa despertada pela curiosidade inata do aluno. Assim, a complexidade da atividade deve ser considerada para que realmente contribua para a participação ativa do aluno, garantindo a reflexão e o debate que contribuirão para o processo de ensino-aprendizagem.

Para imprimir um significado para as atividades escolares, há que se preocupar com a unidade entre o aluno e o professor, o aluno e a escola, o aluno e a sociedade, o aluno e a cultura, conforme explicitado nos PCN.

A aprendizagem integral depende, portanto, do desenvolvimento harmonioso de todos os canais de relação do ser humano com o mundo. Num sentido amplo, a aprendizagem não tem como objetivo apenas capacitar o indivíduo para entender o funcionamento do mundo e, com isso, resolver problemas de ordem prática postos no cotidiano do existir humano. O ato de aprender é, fundamentalmente, um processo de autoconhecimento em busca da realização plena do homem, nos sentidos éticos últimos, que em linguagem comum chamamos de *fé lícita*. Ser feliz é celebrar a vida, é sentir-se em comum união com todos os seres na experiência da vida e na morte, em suma, na existência como um todo.

Diante desse cenário, é preciso retomar o entendimento sobre a prática educativa. Esta, enquanto exercício social, encerra uma ação eminentemente comunicativa ao servir de mediação intersubjetiva, sendo, portanto, um processo de interação humana. Aí reside o desafio para as instituições escolares, pois os conhecimentos que elas manipulam e trabalham tornaram-se cada vez mais obsoletos, na medida em que os alunos já têm como adquirir informações por meio de modernas tecnologias. Isso significa que as escolas precisam reconhecer que as aprendizagens são constituídas pela interação de inúmeros processos, levando em consideração, inclusive, as relações entre as distintas identidades dos vários participantes do contexto escolarizado. Destaque-se, igualmente, que as múltiplas formas de diálogo devem contribuir para a constituição da identidade do ser, resultando em seres humanos persistentes e capazes de protagonizarem suas próprias ações e, ao mesmo tempo, de se solidarizarem uns com os outros, quer nas relações de conhecimento, quer nas relações de valores indispensáveis à vida cidadã.

Dentro do contexto ora desenvolvido, as áreas de conhecimento estão intrinsecamente articuladas, pois se referem às noções e conceitos essenciais sobre fenômenos, processos, sistemas e operações que contribuem para a constituição de saberes, conhecimentos, valores e práticas sociais indispensáveis ao exercício de uma vida de cidadania plena. Pressupõe-se que o conhecimento não é somente resultado, não é somente produto, não é somente resposta. O que habitualmente fazemos é uma análise somente do produto, somente da resposta, sem percebermos que em tudo há um processo de **construção do conhecimento**. Nessa elaboração do saber, o currículo é a síntese da interpretação geral do conhecimento produzido pela sociedade.

O Ensino Religioso compõe uma das áreas do conhecimento previsto para a composição do currículo do ensino fundamental brasileiro, segundo a Resolução nº 2 da Câmara de Educação Básica, de 7 de abril de 1998, a qual deixa subjacente que esse componente ocorrerá apenas diante de processo de questionamento, investigação e convivência em uma sociedade pluralista como a brasileira. Por esse motivo, o Ensino Religioso, a partir da atual LDBEN, tem exigido uma discussão mais ampla sobre o **pluralismo religioso** – fenômeno universal que ocorre em diversas realidades e aspectos culturais – que sempre existiu, mas que não era explicitado.

A atitude de abertura à pluralidade religiosa se revela não apenas nas intenções definidas em documentos e programas de Ensino Religioso, mas particularmente no cotidiano escolar. O projeto pluralista deve estar intimamente relacionado com um sistema de comportamento e de valores a serem vivenciados e não apenas com conteúdos e conhecimentos a serem assimilados.

O compromisso do Ensino Religioso é com a mudança de atitude e mentalidade de professores, administradores e alunos, numa perspectiva de acolhida da diversidade religiosa presente no espaço escolar e direcionada para a cidadania. Não deve ser uma introdução a esta ou àquela religião, nem mesmo o ensino do Transcendente, porém algo que contribua de fato para a formação integral do ser em desenvolvimento[111].

A proposta dos Parâmetros Curriculares de Ensino Religioso[52], organizado pelo Fórum Nacional Permanente do Ensino Religioso (FONAPER), insiste na valorização do pluralismo na diversidade cultural da sociedade brasileira. Para tal, esse componente curricular deve favorecer a compreensão das diferentes formas de expressão do Transcendente, as quais explicitam, por sua vez, a superação da finitude humana e determinam de modo subjacente o processo histórico da humanidade e, mais especificamente, a interpretação do contexto cultural religioso em que estão inseridos os estudantes. A presente orientação para o Ensino Religioso decorre da compreensão de que esta é uma das áreas do conhecimento na organização curricular nacional, ou seja, é um marco estruturado de leitura e interpretação da realidade, essencial para garantir a possibilidade de participação do cidadão de forma autônoma.

Portanto, a proposta de educação básica brasileira visa contribuir para o desenvolvimento integral de crianças e adolescentes, bem como formar para a cidadania e favorecer a sua inserção na sociedade, de tal forma que seu processo informativo e formativo contribua para os estudos posteriores e o mundo do trabalho.

As áreas de conhecimento que formam os diferentes currículos propõem de forma sistemática a leitura e a interpretação da realidade. Essa sistematização visa à participação de cada estudante como cidadão na sociedade, de forma autônoma. Tais áreas apresentam identidade própria, a começar por suas linguagens, que permitem a compreensão dos diferentes fenômenos para que as situações provocadas nas comunidades possam ser interpretadas com argumentos fundamentados.

Com o Ensino Religioso não é diferente. Dentro do contexto da educação básica, em um país historicamente diversificado e pluralista, em que diferentes manifestações no campo religioso ajudaram a construir a identidade nacional, o ER assume o papel de favorecer a releitura do fenômeno religioso nacional, contextualizado e significativo para a compreensão da sociedade brasileira. No cotidiano, as situações oriundas de questões religiosas, como regras de convivência e até aspectos da organização social, são confrontadas pelos estudantes e suas famílias.

Por meio de seus conteúdos, em uma sequência cognitiva e que respeita as características dos estudantes e dos segmentos escolares, o Ensino Religioso procura favorecer o estudo próprio de uma releitura religiosa da sociedade. Os conteúdos são articulados a partir do cotidiano da criança (o seu tempo e o seu espaço), integrados a um contexto mais amplo. Esses conteúdos serão escolhidos a partir da importância dos temas presentes na vida das pessoas e da coletividade.

Podemos afirmar que o ensino e a aprendizagem no Ensino Religioso estão voltados, inicialmente, para atividades em que os estudantes possam compreender a identidade religiosa de si mesmos e dos que os cercam. Tal compreensão favorecerá a construção de uma reciprocidade de respeito e reverência entre as pessoas, expressa nas mais diversas formas representadas por símbolos religiosos, que, por sua vez, representam ideias, visões do Transcendente e da experiência religiosa.

As intervenções pedagógicas específicas no trabalho de identificação, descrição e diálogo sobre o mundo simbólico encontrado permitirão entender os padrões das ideias que agregam as comunidades. Considerando os diferentes aspectos do ser humano e a compreensão da educação nacional em cada segmento escolar, a organização das ações pedagógicas será articulada a partir de variáveis que considerem o estudante como sujeito de sua história, favorecendo a compreensão do conhecimento, para que possa atuar como cidadão na comunidade em que está inserido.

Síntese

O DIÁLOGO E RELEITURA DO contexto social no qual o sujeito vive proporcionam ao educando um olhar que vai além da busca da própria resposta das questões existenciais do ser humano, ou seja, uma ressignificação dos conteúdos. Essa ressignificação pode impulsioná-lo a novas interações.

Como exercício social, a prática educativa encerra um processo de interação humana. Aí reside o desafio para as instituições escolares, pois os conhecimentos que elas manipulam e trabalham precisam ser revistos, haja vista a sua obsolescência, na medida em que os alunos já possuem inúmeros recursos para adquiri-los. Nesse cenário, o docente intervém no processo de aprendizagem em uma perspectiva voltada à solução de questões e problemas, possibilitando a invenção, a descoberta, a criatividade e a compreensão.

Dessa forma, o compromisso do Ensino Religioso, numa perspectiva de acolhida da diversidade religiosa presente no espaço escolar e direcionada para a cidadania, é com a mudança de atitude e mentalidade de professores, administradores e alunos.

As ações pedagógicas, organizadas e articuladas a partir de variáveis que considerem o estudante como sujeito de sua história favorecem a atuação efetiva do aluno como cidadão na comunidade em que está inserido.

Indicação Cultural

A FUGA das galinhas. Direção: Nick Park e Peter Lord. Produção: Distribuição: Universal Pictures. EUA, 2000. 94 min

O filme valoriza simbolicamente atitudes e valores que muitas vezes passam despercebidos, mas que são profundamente necessários para se

realizar uma ampla leitura de mundo. Para tal, cada indivíduo precisa compreender a sua história e a dos que o cercam. A partir da exibição desse filme, pode-se desafiar os estudantes a realizar uma releitura contínua do contexto de sua comunidade, da sociedade brasileira e das diferentes tradições que interferem na economia, na política e em outros aspectos internacionais.

ATIVIDADES DE AUTOAVALIAÇÃO

1 Assinale com (V) para verdadeiro ou com (F) para falso as afirmativas que complementam o período a seguir:

Ao se reconhecer constituinte e integrante, formador do mundo, o ser humano também se conscientiza da necessidade de sua coexistência. Isso acontece quando[...]

( ) [...] ele se descobre um ser de linguagem que necessita conviver com o que o cerca, especialmente com os outros. Isso faz dele, além de racional, um ser histórico, pois, convivendo consigo mesmo, com os outros e com a natureza, vai formando e compartilhando o mundo.

( ) [...] ele se descobre um ser que age de uma determinada maneira, cria padrões de comportamento, crenças e valores.

( ) [...] ele se descobre marcado não só pela racionalidade, mas também pela historicidade, que se manifesta como práxis, como conjunto das ações que ele realiza no tempo.

( ) [...] ele se descobre marcado não só pela racionalidade, mas também pela praticidade, que se manifesta como histórica e, portanto, como conjunto das ações que ele realiza no tempo.

Agora, assinale a alternativa que apresenta a sequência correta:

A) V, F, V, F
B) V, V, F, F
C) F, V, V, F
D) V, V, V, F

2 Assinale a afirmativa correta:

A) O conhecimento da vida é o resultado do diálogo homem-natureza e natureza-homem, ou seja, de dependência de uma construção conceitual que vem sendo elaborada e criada a partir do mútuo condicionamento, pensamento e prática.

B) O conhecimento da vida é o resultado do diálogo homem-natureza e natureza-homem, ou seja, de dependência de uma construção subjetiva que vem sendo elaborada e criada exclusivamente pelo pensamento.

C) O conhecimento da vida é o resultado do diálogo homem-natureza e natureza-homem, ou seja, de interdependência de uma construção conceitual que vem sendo elaborada e criada a partir do mútuo condicionamento, pensamento e prática.

D) O conhecimento da vida é o resultado do diálogo homem-natureza e natureza-homem, ou seja, de dependência de uma construção objetiva que vem sendo descrita e criada exclusivamente pelo pensamento.

3 Ao propor atividades significativas, lúdicas, de manipulação e registro, o professor incentiva a invenção, a descoberta, a criatividade e a compreensão que possibilitam ao educando a aprendizagem. A esse respeito, assinale a afirmativa correta:

A) Essa é uma aprendizagem figurativa, que implica a construção de informações abstratas.

B) Essa é uma aprendizagem operativa, que implica a construção de conceitos, de modo a permitir um reprocessar de informações.

C) Essa é uma aprendizagem figurativa, que implica a construção de conhecimentos descontextualizados.

D) Essa é uma aprendizagem figurativa, que diverge da construção de conceitos, de modo a permitir um reprocessar de informações.

4 Analise as alternativas que complementam corretamente o período a seguir.

O Ensino Religioso, dentro do contexto da Educação Básica, em um país historicamente diversificado e pluralista, em que diferentes manifestações no campo religioso ajudaram a construir a identidade nacional:

I   assume o papel de favorecer a releitura do fenômeno religioso nacional, contextualizado e com significância para a compreensão da sociedade brasileira.

II assume o papel de favorecer o estudo próprio de uma releitura religiosa da sociedade.

III assume o papel de trazer para o cotidiano as situações oriundas de questões religiosas que serão confrontadas pelos estudantes e suas famílias, desde as regras de convivência até aspectos da organização social.

IV assume o papel de favorecer a compreensão do conhecimento, para que o aluno possa atuar como cidadão na comunidade em que está inserido.

Agora, assinale a afirmativa verdadeira:

A) A alternativa 1 está correta e as demais estão parcialmente corretas.

B) As alternativas 2 e 3 estão corretas.
C) Todas as alternativas estão corretas.
D) As alternativas 1 e 4 estão corretas.

5 O ensino e a aprendizagem no Ensino Religioso estão voltados, inicialmente, para atividades em que os estudantes possam compreender a identidade religiosa de si mesmos e dos que os, cercam. Essa afirmativa:

A) é correta.
B) é incorreta.
C) deve ser desconsiderada.
D) é divergente.

ATIVIDADES DE APRENDIZAGEM

QUESTÕES PARA REFLEXÃO

1 Em 25 de novembro de 1981, a Assembleia Geral das Nações Unidas proclamou a Resolução n° 36/55, que é a *Declaração sobre a Eliminação de todas as formas de intolerância e discriminação fundadas na religião ou nas convicções*. Leia a seguir o texto da declaração e, depois, pense em como você poderia apresentar essa resolução a alunos dos anos finais do Ensino Fundamental ou do Ensino Médio, de forma a provocar um debate sobre intolerância e discriminação.

DECLARAÇÃO SOBRE A ELIMINAÇÃO DE TODAS AS FORMAS DE INTOLERÂNCIA E DISCRIMINAÇÃO FUNDADAS NA RELIGIÃO OU NAS CONVICÇÕES

Proclamada pela Assembleia Geral das Nações Unidas a 25 de novembro de 1981 – Resolução 36/55.

A assembleia geral,

Considerando que um dos princípios fundamentais da Carta das Nações Unidas é o da dignidade e o da igualdade próprias de todos os seres humanos, e que todos os estados membros se comprometeram em tomar todas as medidas conjuntas e separadamente, em cooperação com a Organização das Nações Unidas, para promover e estimular o respeito universal e efetivo dos direitos humanos e as liberdades fundamentais de todos, sem distinção de raça, sexo, idioma ou religião,

Considerando que na Declaração Universal de Direitos Humanos e nos Pactos internacionais de direitos humanos são proclamados os princípios de não discriminação e de igualdade diante da lei e o direito à liberdade de pensamento, de consciência, de religião ou de convicções,

Considerando que o desprezo e a violação dos direitos humanos e das liberdades fundamentais, em particular o direito à liberdade de pensamento, de consciência, de religião ou de qualquer convicção, causaram direta ou indiretamente guerras e grandes sofrimentos à humanidade, especialmente nos casos em que sirvam de meio de intromissão estrangeira nos assuntos internos de outros Estados e são o mesmo que instigar o ódio entre os povos e as nações,

Considerando que a religião ou as convicções, para quem as profere, constituem um dos elementos fundamentais em sua concepção de vida e que, portanto, a liberdade de religião ou de convicções deve ser integralmente respeitada e garantida,

Considerando que é essencial promover a compreensão, a tolerância e o respeito nas questões relacionadas com a liberdade de religião e de convicções e assegurar que não seja aceito o uso da religião ou das convicções com fins incompatíveis com os da Carta, com outros instrumentos pertinentes das Nações Unidas e com os propósitos e princípios da presente Declaração,

Convencida de que a liberdade de religião ou de convicções deve contribuir também na realização dos objetivos da paz mundial, justiça social e amizade entre os povos e à eliminação das ideologias ou práticas do colonialismo e da discriminação racial,

Tomando nota com satisfação de que, com os auspícios das Nações Unidas e dos organismos especializados, foram aprovadas várias convenções, e de que algumas delas já entraram em vigor, para a eliminação de diversas formas de discriminação,

Preocupada com as manifestações de intolerância e pela existência de discriminação nas esferas da religião ou das convicções que ainda existem em alguns lugares do mundo,

Decidida a adotar todas as medidas necessárias para a rápida eliminação de tal intolerância em todas as suas formas e manifestações e para prevenir e combater a discriminação por motivos de religião ou de convicções,

Proclama a presente Declaração sobre a eliminação de todas as formas de intolerância e discriminação fundadas na religião ou nas convicções:

Artigo 1

1 *Toda pessoa tem o direito de liberdade de pensamento, de consciência e de religião. Este direito inclui a liberdade de ter uma religião ou qualquer convicção a sua escolha, assim como a liberdade de manifestar sua religião ou suas convicções individuais ou coletivamente, tanto em público como em privado, mediante o culto, a observância, a prática e o ensino.*

2 *Ninguém será objeto de coação capaz de limitar a sua liberdade de ter uma religião ou convicções de sua escolha.*

3 *A liberdade de manifestar a própria religião ou as próprias convicções estará sujeita unicamente às limitações prescritas na lei e que sejam necessárias para proteger a segurança, a ordem, a saúde ou a moral pública ou os direitos e liberdades fundamentais dos demais.*

Artigo 2

1. Ninguém será objeto de discriminação por motivos de religião ou convicções por parte de nenhum estado, instituição, grupo de pessoas ou particulares.

2. Aos efeitos da presente declaração, entende-se por " intolerância e discriminação baseadas na religião ou nas convicções" toda a distinção, exclusão, restrição ou preferência fundada na religião ou nas convicções e cujo fim ou efeito seja a abolição ou o fim do reconhecimento, o gozo e o exercício em igualdade dos direitos humanos e das liberdades fundamentais.

Artigo 3

A discriminação entre os seres humanos por motivos de religião ou de convicções constitui uma ofensa à dignidade humana e uma negação dos princípios da Carta das Nações Unidas, e deve ser condenada como uma violação dos direitos humanos e das liberdades fundamentais proclamados na Declaração Universal de Direitos Humanos e enunciados detalhadamente nos Pactos internacionais de direitos humanos, e como um obstáculo para as relações amistosas e pacíficas entre as nações.

Artigo 4

1. Todos os estados adotarão medidas eficazes para prevenir e eliminar toda discriminação por motivos de religião ou convicções no reconhecimento, o exercício e o gozo dos direitos humanos e das liberdades fundamentais em todas as esferas da vida civil, econômica, política, social e cultural.

2. Todos os Estados farão todos os esforços necessários para promulgar ou derrogar leis, segundo seja o caso, a fim de proibir toda discriminação deste tipo e por tomar as medidas adequadas para combater a intolerância por motivos ou convicções na matéria.

Artigo 5

1 Os pais, ou no caso os tutores legais de uma criança terão o direito de organizar sua vida familiar conforme sua religião ou suas convicções e devem levar em conta a educação moral em que acreditem e queiram educar suas crianças.

2 Toda criança gozará o direito de ter acesso à educação em matéria de religião ou convicções conforme seus desejos ou, no caso, seus tutores legais, e não lhes será obrigada a instrução em uma religião ou convicções contra o desejo de seus pais ou tutores legais, servindo de princípio essencial o interesse superior da criança.

3 A criança estará protegida de qualquer forma de discriminação por motivos de religião ou convicções. Ela será educada em um espírito de compreensão, tolerância, amizade entre os povos, paz e fraternidade universal, respeito à liberdade de religião ou de convicções dos demais e em plena consciência de que sua energia e seus talentos devem dedicar-se ao serviço da humanidade.

4 Quando uma criança não esteja sob a tutela de seus pais nem de seus tutores legais, serão levados em consideração os desejos expressos por eles ou qualquer outra prova que se tenha obtido de seus desejos em matéria de religião ou de convicções, servindo de princípio orientador o interesse superior da criança.

5 A prática da religião ou convicções em que se educa uma criança não deverá prejudicar sua saúde física ou mental nem seu desenvolvimento integral, levando em conta o parágrafo 3 do artigo 1 da presente Declaração.

Artigo 6

Conforme o artigo 1 da presente Declaração e sem prejuízo do disposto no parágrafo 3 do artigo 1, o direito à liberdade de pensamento, de consciência, de religião ou de convicções compreenderá especialmente as seguintes liberdades:

A) A de praticar o culto e o de celebrar reuniões sobre a religião ou as convicções, e de fundar e manter lugares para esses fins;

B) A de fundar e manter instituições de beneficência ou humanitárias adequadas;

C) A de confeccionar, adquirir e utilizar em quantidade suficiente os artigos e materiais necessários para os ritos e costumes de uma religião ou convicção;

D) A de escrever, publicar e difundir publicações pertinentes a essas esferas;

E) A de ensinar a religião ou as convicções em lugares aptos para esses fins;

F) A de solicitar e receber contribuições voluntárias financeiras e de outro tipo de particulares e instituições;

G) A de capacitar, nomear, eleger e designar por sucessão os dirigentes que correspondam segundo as necessidades e normas de qualquer religião ou convicção;

H) A de observar dias de descanso e de comemorar festividades e cerimônias de acordo com os preceitos de uma religião ou convicção;

I) A de estabelecer e manter comunicações com indivíduos e comunidades sobre questões de religião ou convicções no âmbito nacional ou internacional.

Artigo 7

Os direitos e liberdades enunciados na presente Declaração serão concedidos na legislação nacional de modo tal que todos possam desfrutar deles na prática.

Artigo 8

Nada do que está disposto na presente declaração será entendido de forma que restrinja ou derrogue algum dos direitos definidos na Declaração Universal de Direitos Humanos e nos Pactos internacionais de direitos humanos.

Fonte: DHNET, 2008.

2 Se você tivesse de elaborar um plano de aula sobre o tema *intolerância e discriminação*, que outras áreas do conhecimento seriam possíveis de ser articuladas nesse plano?

ATIVIDADE APLICADA: PRÁTICA

1 Pensando no processo de ensino e de aprendizagem do Ensino Religioso, elabore estratégias e atividades em que os estudantes possam compreender a identidade religiosa de si mesmos e dos que os cercam. Leve em consideração que tal compreensão deve favorecer a construção de uma reciprocidade de respeito entre os alunos e também a valorização de seus contextos histórico-sociais.

Considerações finais

O Ensino Religioso, originariamente estabelecido por motivação política, exigiu, diante da reorganização da concepção brasileira de educação, uma alteração do *modus operandi* no que concerne ao fato de que passou a ser eminentemente pedagógico.

Com o recente processo pedagógico do Ensino Religioso como área do conhecimento, exigiram-se novos estudos, dentre os quais a construção de uma fundamentação pedagógica que contemple a questão do desenvolvimento religioso do ser humano, assim como a relação social advinda de manifestações estabelecidas por meio das tradições religiosas.

O encaminhamento metodológico da disciplina de Ensino Religioso não se reduz à determinação de formas, métodos, conteúdos ou materiais a serem adotados em sala de aula. Contudo, visando ampliar as possibilidades de múltiplas relações e interações entre os conhecimentos dos educandos e aqueles apresentados pela escola, procura-se estabelecer um contínuo processo de observação e reflexão, não somente por parte dos educandos, mas também do professor.

Ao lado de outros campos do saber, o Ensino Religioso pode acrescentar à visão sobre a realidade mais um modo de discuti-la, principalmente ao adotar uma metodologia pautada na interdisciplinaridade.

A reflexão pedagógica sobre um homem dotado de razão, afetividade, inteligência, corpo e desejo possibilita a criação de um espaço educativo que será o lugar de construção dos saberes. Assim, a formação do profissional da educação carece de uma leitura crítica das realidades sociais, a qual vise buscar referenciais de organização e redirecionamento do trabalho em sala de aula.

Para tal, é necessário que o professor possibilite uma comunicação completa – a linguagem total: verbal (categorias racionais), simbólica (categorias intuitivas), gestual (motora) e interior (contemplativa). Isso implica alteração na prática escolar, dando-se ênfase à compreensão e não à simples memorização dos fatos básicos, possibilitando, assim, a geração de novos fatos.

Além disso, é desejável que se dê novo enfoque à noção de prerrequisito: o sujeito é mais importante do que os conteúdos e estes são um meio e não o fim da aprendizagem. No entanto, não basta compreendermos o sujeito. É de fundamental importância sabermos qual é a ótica de interação com ele, com o ambiente e a clareza do que se pretende alcançar.

Também se faz necessário que tenhamos conhecimento dos fatos básicos e dos sistemas simbólicos indispensáveis a cada nova aprendizagem, para, assim, criarmos situações que propiciem a ação do aluno e sua reflexão sobre o significado dos símbolos, favorecendo a compreensão da interdependência dos conceitos. Deve-se ter o cuidado de garantir a construção das estruturas mentais necessárias à assimilação de cada novo conhecimento antes de introduzir o formalismo e cobrar o automatismo.

Delineando os princípios dessa área do conhecimento, progressivamente geramos uma reconfiguração dos procedimentos de ensino, resultando mesmo no repensar dos conteúdos para o Ensino Religioso. O redimensionar dessa área, de acordo com a legislação vigente, aplica-se em sentido estrito à escola pública. Não obstante, nada impede que outros sistemas educacionais igualmente repensem a maneira de conceber o Ensino Religioso de forma mais abrangente, respeitando-se a pluralidade cultural e religiosa do país. É correto enfatizar, pois, que a presente proposta está delineada no artigo 33 da LDBEN de 1996 e amparada pela Carta Magna brasileira.

O percurso é, por isso mesmo, significativo, contudo, não conclusivo. Prossigamos nessa jornada, a fim de estabelecer os referenciais para o aprimoramento teórico do Ensino Religioso, de forma que se constitua efetivamente como área de conhecimento, possibilitando ao educador e ao educando uma maior abertura e um compromisso consigo mesmos, com o outro, com o mundo e com o Transcendente.

Referências

1   ABRAMOVAY, M.; Kramer, S. O rei está nu: um debate sobre as funções da pré-escola. In: Educação pré-escolar: desafios, riscos e alternativas. *Cadernos* CEDES, São Paulo, v. 1, n. 9, p. 27-38, 1985.

2   ALETTI, M. *Psicologia, psicoanalisi e religione*: studi e ricerche. Bologna: Dehoniane, 1992.

3   ALMEIDA, C. Leitura de grupo e possibilidades metodológicas. *Revista de Educação AEC*, Curitiba, v. 90, n. 23, p. 7-11, 1994.

4   ALVES, L. A. S.; Junqueira, S. R. A. (Org.). *Educação religiosa*: construção da identidade do Ensino Religioso e da Pastoral Escolar. Curitiba: Champagnat, 2002.

5   ASSEMBLÉIA GERAL DAS NAÇÕES UNIDAS. Resolução n° 36/55, de 25 de novembro de 1981. In: *DHnet*. Disponível em: <http://www.dhnet.org.br/direitos/sip/onu/paz/dec81.htm>. Acesso em: 18 dez. 2008.

6   ASSIS, O. Z. M. de. *Uma nova metodologia de educação pré-escolar*. São Paulo: Pioneira, 1987.

7   ÁVILA, A. *Para conhecer a psicologia da religião*. São Paulo: Loyola, 2007.

8   AZENHA, M. G. *Construtivismo*: de Piaget a Emília Ferreiro. São Paulo: Ática, 1993.

9   BALDUCCI, E. *L'esperienza religiosa*. Torino: Borla, 1962.

10 BATISTA, T. *Evolução da fé na criança de 0 a 7 anos*. São Paulo: Paulinas, 1974.

11 BENKÖ. A. *Psicologia da religião*. São Paulo: Loyola, 1981.

12 BOMBASSARO, L. C. *As fronteiras da epistemologia*: como se produz o conhecimento. Petrópolis, RJ: Vozes, 1993.

13 BRAIDO, Pietro. *Lineamenti di storia della catechesi e dei catechismi*. Leumann: Elle Di Ci, 1991.

14 BRASIL. Constituição (1824). *Secretaria de Estado dos Negocios do Imperio do Brazil*, Rio de Janeiro, 22 abr. 1824. Disponível em: <http://www.planalto.gov.br/Ccivil_03/Constituicao/Constitui%C3%A7ao24.htm>. Acesso em: 9 dez. 2008.

15 _____. Constituição (1891). *Diário Oficial [da] República dos Estados Unidos do Brasil*, Poder Executivo, Rio de Janeiro, 24 fev. 1891. Disponível em: <http://www.planalto.gov.br/ccivil_03/Constituicao/Constitui%C3%A7ao91.htm>. Acesso em: 10 dez. 2008.

16 _____. Constituição (1934). *Diário Oficial [da] República dos Estados Unidos do Brasil*, Poder Executivo, Rio de Janeiro, 16 jul. 1934. Disponível em: <http://www.planalto.gov.br/Ccivil_03/Constituicao/Constitui%C3%A7ao34.htm>. Acesso em: 10 dez. 2008.

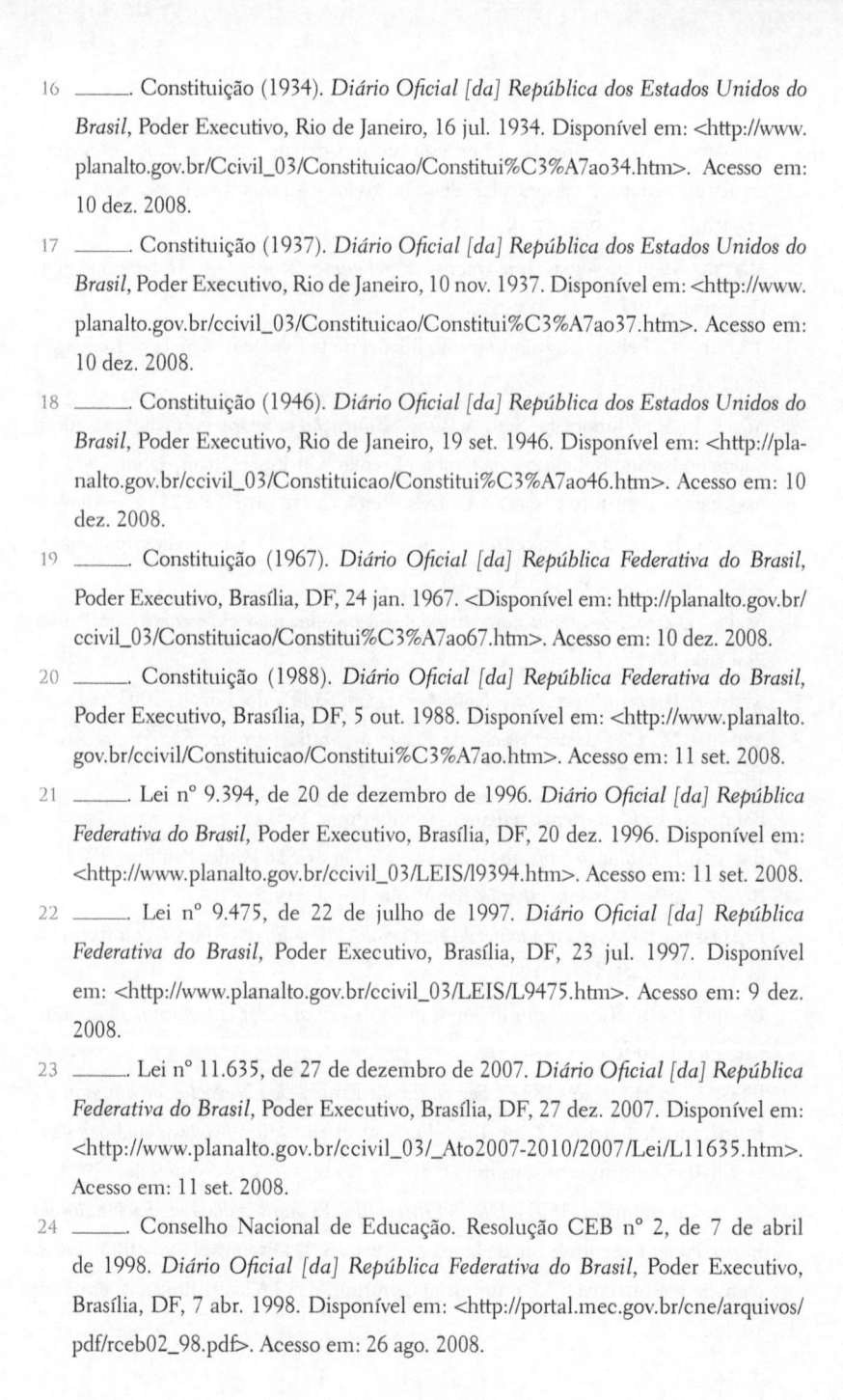

17 _____. Constituição (1937). *Diário Oficial [da] República dos Estados Unidos do Brasil*, Poder Executivo, Rio de Janeiro, 10 nov. 1937. Disponível em: <http://www.planalto.gov.br/ccivil_03/Constituicao/Constitui%C3%A7ao37.htm>. Acesso em: 10 dez. 2008.

18 _____. Constituição (1946). *Diário Oficial [da] República dos Estados Unidos do Brasil*, Poder Executivo, Rio de Janeiro, 19 set. 1946. Disponível em: <http://planalto.gov.br/ccivil_03/Constituicao/Constitui%C3%A7ao46.htm>. Acesso em: 10 dez. 2008.

19 _____. Constituição (1967). *Diário Oficial [da] República Federativa do Brasil*, Poder Executivo, Brasília, DF, 24 jan. 1967. <Disponível em: http://planalto.gov.br/ccivil_03/Constituicao/Constitui%C3%A7ao67.htm>. Acesso em: 10 dez. 2008.

20 _____. Constituição (1988). *Diário Oficial [da] República Federativa do Brasil*, Poder Executivo, Brasília, DF, 5 out. 1988. Disponível em: <http://www.planalto.gov.br/ccivil/Constituicao/Constitui%C3%A7ao.htm>. Acesso em: 11 set. 2008.

21 _____. Lei nº 9.394, de 20 de dezembro de 1996. *Diário Oficial [da] República Federativa do Brasil*, Poder Executivo, Brasília, DF, 20 dez. 1996. Disponível em: <http://www.planalto.gov.br/ccivil_03/LEIS/l9394.htm>. Acesso em: 11 set. 2008.

22 _____. Lei nº 9.475, de 22 de julho de 1997. *Diário Oficial [da] República Federativa do Brasil*, Poder Executivo, Brasília, DF, 23 jul. 1997. Disponível em: <http://www.planalto.gov.br/ccivil_03/LEIS/L9475.htm>. Acesso em: 9 dez. 2008.

23 _____. Lei nº 11.635, de 27 de dezembro de 2007. *Diário Oficial [da] República Federativa do Brasil*, Poder Executivo, Brasília, DF, 27 dez. 2007. Disponível em: <http://www.planalto.gov.br/ccivil_03/_Ato2007-2010/2007/Lei/L11635.htm>. Acesso em: 11 set. 2008.

24 _____. Conselho Nacional de Educação. Resolução CEB nº 2, de 7 de abril de 1998. *Diário Oficial [da] República Federativa do Brasil*, Poder Executivo, Brasília, DF, 7 abr. 1998. Disponível em: <http://portal.mec.gov.br/cne/arquivos/pdf/rceb02_98.pdf>. Acesso em: 26 ago. 2008.

25 _____. Ministério da Educação. *Parâmetros curriculares nacionais*: introdução. Brasília, DF, 1997. Disponível em: <http://portal.mec.gov.br/seb/arquivos/pdf/livro01.pdf>. Acesso em: 18 dez. 2008.

26 BRINGUIER, J. C. *Conversando com Jean Piaget*. Rio de Janeiro: Difel, 1978.

27 BUBER, M. *Eu e tu*. 8 ed. São Paulo: Cortez e Moraes, 2004.

28 BUENO, S. *Dicionário Silveira Bueno*. Rio de Janeiro: Ediouro, 1998.

29 CARRETERO, M.; LEÓN, J. A. Do pensamento formal à mudança conceitual na adolescência. In: COLL, C. et al. *Desenvolvimento psicológico e educação*: psicologia evolutiva. Porto Alegre: Artmed, 2004.

30 CASTRO, A. D. de. *Piaget e a pré-escola*. São Paulo: Pioneira, 1986.

31 CHARDIN, T. *O fenômeno humano*. Lisboa: Tavares Martins, 1970.

32 CHAUI, M. *Convite à filosofia*. São Paulo: Ática, 2000.

33 COLL, C. et al. *Desenvolvimento psicológico e educação*: psicologia evolutiva. Porto Alegre: Artmed, 2004.

34 CORTELLA, M. S. Educação, Ensino Religioso e formação docente. In: SENA, L. (Org.). *Ensino religioso e formação docente*: ciências da religião e ensino religioso em diálogo. São Paulo: Paulinas, 2006.

35 COSTELLA, D. O fundamento epistemológico do ensino religioso. In: JUNQUEIRA, S.; WAGNER, R. (Org.) *O ensino religioso no Brasil*. Curitiba: Champagnat, 2004.

36 CROATTO, J. S. *As linguagens da experiência religiosa*: uma introdução à fenomenologia da religião. São Paulo: Paulinas, 2001.

37 DACQUINO, G. *Religiosità e psicoanalisi*. Torino: Saggi, 1988.

38 DANTAS, H. A afetividade e a construção do sujeito na psicogenética de Wallon. In: LA TAILLE, Y.; OLIVEIRA, M. K.; DANTAS, H. *Piaget. Vygotsky. Wallon*: teorias psicogenéticas em discussão. São Paulo: Summus, 1992.

39 D'ÁUREA-TARDELI, D. Os valores morais e a criança: um breve estudo sobre a manifestação da soliedariedade. *Revista de psicologia da UnC*, Concórdia, v. 2, n. 1, p. 38-53, 2004. Disponível em: <http://www.nead.uncnet.br/2004/revistas/psicologia/3/35.pdf>. Acesso em: 17 dez. 2008.

40 DESROCHE, H. *O homem e suas religiões*: ciências humanas e experiências religiosas. São Paulo: Paulinas, 1985.

41 DINELLO, D. R. *A expressão lúdica na educação da infância*. Santa Maria: Pallotti, 1985.

42 _____. *Atualização na educação infantil*. Santa Maria: Pallotti, 1987.

43 _____. *Pra educação da infância*. Santa Maria: Pallotti, 1985.

44 DROUET, R. C. R. *Fundamentos da educação pré-escolar*. São Paulo: Ática, 1990.

45 EINSTEIN, A. *Como vejo o mundo*. Rio de Janeiro: Nova Fronteira, 1981.

46 ELKIND, D. *Crianças e adolescentes*: ensaios interpretativos sobre Jean Piaget. Rio de Janeiro: J. Zahar, 1982.

47 _____. *Desenvolvimento e educação da criança*: aplicação de Piaget na sala de aula. Rio de Janeiro: J. Zahar, 1978.

48 FARIA, A. R. *O desenvolvimento da criança e do adolescente segundo Piaget*. São Paulo: Ática, 1989.

49 _____. *O pensamento e a linguagem da criança segundo Piaget*. São Paulo: Ática, 1989.

50 FERREIRA, A. B. de H. *Novo dicionário Aurélio da língua portuguesa*. Curitiba: Positivo, 2004.

51 FÓRUM NACIONAL PERMANENTE DO ENSINO RELIGIOSO – FONAPER. Ensino Religioso: referencial curricular para a proposta pedagógica da escola. *Caderno Temático*, Curitiba, v. 1, n. 1, 2000.

52 _____. *Parâmetros curriculares nacionais do Ensino Religioso*. 3 ed. São Paulo: Ave Maria, 1998.

53 FOWLER, J. *Estágios da fé*: a psicologia do desenvolvimento humano e a busca de sentido. São Leopoldo: Sinodal, 1992.

54 FRANCO, A. et al. *Construtivismo*: uma ajuda ao professor. Belo Horizonte: Lê, 1994.

55 FRANKL, V. E. *Em busca de sentido*: um psicólogo no campo de concentração. Petrópolis, RJ: Vozes, 1991.

56 FREI BETTO. *Sinfonia universal*: a cosmovisão de Teilhard de Chardin. São Paulo: Ática, 1999.

57 FREIRE, P.; FAUNDEZ, A. *Por uma pedagogia da pergunta*. Rio de Janeiro: Paz e Terra, 1985.

58 FROMM, E. *Psicanálise e religião*. Rio de Janeiro: Ibero-Americana, 1966.

59 GALVÃO, I. *Henri Wallon*: uma concepção dialética do desenvolvimento infantil. Petrópolis, RJ: Vozes, 1995.
60 GEVAERT, J. *Catechesi e cultura contemporanea*. Torino: Elle Di Ci, 1993.
61 GMÜNDER, P.; OSER, F.; RIDEZ, L. *L'homme, son développement religieux*. Paris: Cerf, 1991.
62 GODIN, A. *Psicologia delle esperienze religiose*: il desiderio e la realtà. Brescia: Queriniana, 1993.
63 GRUEN, W. *O ensino religioso na escola*. Petrópolis, RJ: Vozes, 1995.
64 HELLERD, D. *Il Dio dei bambini*: indagine scientifica sull' idea di Dio in bambini di diverse religioni. Torino: Elle di Ci, 1991.
65 JAEGER, W. *Paideia*. São Paulo: M. Fontes, 1995.
66 JUNG, C. G. *Estudos sobre psicologia analítica*. Petrópolis, RJ Vozes, 1981.
67 _____. *O homem e seus símbolos*. Rio de Janeiro: Nova Fronteira, 1992.
68 JUNQUEIRA, S. R. A. *O desenvolvimento da experiência religiosa*. Petrópolis, RJ: Vozes, 1995.
69 _____. *O processo de escolarização do Ensino Religioso no Brasil*. Petrópolis, RJ: Vozes, 2002.
70 JUNQUEIRA, S. R. A.; ALVES, L. A. S. O contexto pluralista para a formação do professor de Ensino Religioso. *Diálogo educacional*, Curitiba, v. 5, n. 16, p. 229-246, set./dez. 2005.
71 JUNQUEIRA, S. R. A.; CORRÊA, R. L. T.; HOLANDA, A. M. R. *Ensino religioso*: aspectos legal e curricular. São Paulo: Paulinas, 2007.
72 JUNQUEIRA, S. R. A.; MENEGHETTI; R. G. K.; WASCHOWICZ, L. A. *Ensino Religioso e sua relação pedagógica*. Petrópolis, RJ: Vozes, 2002.
73 KOHLBERG, L. *Psicologia del desarollo moral*. Bilbao: Desclée de Brower, 1984.
74 LA TAILLE, Y. Desenvolvimento do juízo moral e afetividade na teoria de Jean Piaget. In: LA TAILLE, Y.; OLIVEIRA, M. K.; DANTAS, H. *Piaget, Vygotsky, Wallon*: teorias psicogenéticas em discussão. São Paulo: Summus, 1992.
75 MACHADO, I. de L. *Educação Montessori*: de um homem novo para um mundo novo. São Paulo: Pioneira, 1986.
76 MACHADO, M. L. A. *Pré-escola é não é escola*: a busca de um caminho. Rio de Janeiro: Paz e Terra, 1991.

77 MARTELLI, S. *A religião na sociedade pós-moderna*. São Paulo: Paulinas, 1995.

78 MATUI, J. *Construtivismo*: teoria construtivista sócio-histórica aplicada ao ensino. São Paulo: Moderna, 1995.

79 MESLIN, M. *A experiência humana do divino*: fundamentos de uma antropologia religiosa. Petrópolis, RJ: Vozes, 1992.

80 MINICUCCI, A. *Da psicologia soviética à pedagogia de Freinet*. Goiânia: Dimensão, 1992.

81 MIZUKAMI, M. G. N. *Ensino*: as abordagens do processo. São Paulo: EPU, 1986.

82 NICOLAU, M. L. M. *A educação pré-escolar*: fundamentos e didática. São Paulo: Ática, 1986.

83 OLENIKI, M. L. R.; DALDEGAN, V. M. *Encantar*: uma prática pedagógica do Ensino Religioso. Petrópolis, RJ: Vozes, 2003.

84 OLIVEIRA, C. R. A.; RODRIGUES, E. M. F. A cognição e a afetividade no processo de aprendizagem. *Athena*: revista científica de educação, Curitiba, v. 3, n. 3, p. 7-18, nov./dez. 2004.

85 OLIVEIRA, F. Liberdade religiosa. *Viva favela*, Rio de Janeiro, 23 jan. 2008. Disponível em: <http://www.vivafavela.com.br>. Acesso em: 15 dez. 2008.

86 OLIVEIRA, L. B. A formação de docentes para o ensino religioso no Brasil: leituras e tessituras. *Diálogo educacional*, Curitiba, v. 5, n.16, p. 247-267, set./dez. 2005.

87 OLIVEIRA, L. B. et al. *Ensino Religioso no ensino fundamental*. São Paulo: Cortez, 2007.

88 OLIVEIRA, M. A. A. Componente curricular. In: JUNQUEIRA, S. R. A.; WAGNER, R. (Org.). *O Ensino Religioso no Brasil*. Curitiba: Champagnat, 2004.

89 OLIVEIRA, M. K. de. *Vygotsky*: aprendizado e desenvolvimento – um processo sócio-histórico. São Paulo: Scipione, 1993.

90 _____. Vygotsky e o processo de formação de conceitos. In: *Piaget, Vygotsky, Wallon*: teorias psicogenéticas em discussão. São Paulo: Summus, 1992.

91 OLIVEIRA, R. M. *Vocabulário de pastoral catequética*. São Paulo: Loyola, 1992.

92 OTTO, R. *O sagrado*: os aspectos irracionais na noção do divino e sua relação com o racional. Petrópolis, RJ: Vozes, 2007.

93 PALACIOS, J. Psicologia evolutiva: conceito, enfoques, controvérsias e métodos. In: COLL, C. et al. *Desenvolvimento psicológico e educação*: psicologia evolutiva. Porto Alegre: Artmed, 2004.

94 PALACIOS, J.; GONZALÉZ, M. D. M.; PADILLA, M. L. Conhecimento social e desenvolvimento de normas e valores entre os dois e os seis anos. In: COLL, C. et al. *Desenvolvimento psicológico e educação*: psicologia evolutiva. Porto Alegre: Artmed, 2004.

95 PARANÁ. Secretaria de Estado da Educação. *Diretrizes Curriculares de Ensino Religioso para a educação básica*. Curitiba, 2007.

96 _____. *Diretrizes Curriculares do Ensino Religioso*: versão preliminar. Curitiba, 2005. Mimeografado.

97 PIAGET, J. *Dois tipos de estudos religiosos*: imanência e transcendência. São Paulo, 1971. Mimeografado.

98 _____. *O juízo moral na criança*. 2. ed. São Paulo: Summus, 1994.

99 PIAGET, J.; INHELDER, B. *A psicologia da criança*. Rio de Janeiro: Difel, 2003.

100 PIAZZA, W. *Introdução à fenomenologia religiosa*. Petrópolis, RJ: Vozes, 1976.

101 POHIER, J. M. *Psicologia da inteligência e psicologia da fé*: o sistema de Piaget aplicado à fé. São Paulo: Herder, 1971.

102 POZO, J. I. *Teorias cognitivas da aprendizagem*. Porto Alegre: Artmed, 1998.

103 RELIGIÃO E CULTURA. São Paulo: Paulinas, v. 4, n. 11, jan./jun. 2007.

104 SACRISTÁN, J. G. *Educar e conviver na cultura global*. Porto Alegre: Artmed, 2002.

105 SAINT-EXUPÉRY, A. *O pequeno príncipe*. 48 ed. Rio de Janeiro: Agir, 2000.

106 SALVADOR, C. A. H. et al. *A criança e o adolescente da década de 80*: aspectos psiquiátricos. Porto Alegre: Artes Médicas, 1983.

107 SILVA, C. Fenomenologia da religião. In: *Antropos*. Disponível em: <http://www.antropos.com.br/index.php?option=com_content&task=view&id=128&Itemid=38>. Acesso em: 11 dez. 2008.

108 SILVA, D. O.; LAUTERT, E. M. L. Sociointeracionismo: teorias que embasam o comportamento lúdico da criança. *Revista do Professor*, Porto Alegre, abr./jun. 2001.

109 SILVA, W. A. da. *Cala-boca não morreu*: a linguagem na pré-escola. Petrópolis, RJ: Vozes, 1987.

110 STARBUCK, E. D. *The psychology of religion*: an empirical study of the growth of religious consciousness. New York: Charles Scribner and Sons, 1899.

111 STEIL, C. A. O ensino religioso na sociedade plural. *Diálogo*, São Paulo, v.1, n. 3, p. 48-53, 1996.

112 SUCHODOLSKI, B. A *pedagogia e as grandes correntes filosóficas*: a pedagogia da essência e a pedagogia da existência. 5. ed. Lisboa: Livros Horizonte, 2000.
113 THIESSEN, M. L.; BEAL, A. R. *Pré-escola, tempo de educar*. São Paulo: Ática, 1986.
114 TRENTI, Z. *L'Esperienza religiosa*. Torino: Elle Di Ci, 1999.
115 VIESSER, L. C. *Um paradigma didático para o ensino religioso*. Petrópolis, RJ: Vozes, 1994.
116 WACH, J. *Sociologia da religião*. São Paulo: Paulinas, 1990.
117 XAUSA, I. A. de M. A Presença de Deus em Viktor Frankl. *Revista Cultura e Fé*, Porto Alegre, ano 28, n. 108, jan./mar. 2005.

Bibliografia comentada

JUNQUEIRA, S. R. A.; MENEGHETTI, R. G. K.; WASCHOWICZ, L. A. *Ensino Religioso e sua relação pedagógica.* Petrópolis: Vozes, 2002.

Os autores desse livro procuram conduzir os leitores a uma reflexão sobre três aspectos fundamentais que dizem respeito ao Ensino Religioso. No primeiro capítulo, o professor Sérgio Junqueira traz um panorama sobre a situação do Ensino Religioso na condição de componente curricular. Para isso, esse autor considera a organização do currículo do Ensino Fundamental, a partir do qual apresenta conceitos como ensino, aprendizagem e componente curricular, procurando estabelecer a identidade pedagógica do Ensino Religioso.

O segundo capítulo, assinado pela professora Rosa Gitana Krob Meneghetti, é uma reflexão sobre a importância da construção do projeto pedagógico pelas unidades escolares. A autora enfatiza o seu caráter democrático e participativo e situa o Ensino Religioso como área de conhecimento que dialoga e procura agregar os campos de estudo marcados por epistemologias diferentes.

Já a professora Lilian Anna Waschowicz, no terceiro capítulo, trata da avaliação da aprendizagem no Ensino Religioso. A autora faz uma metáfora, comparando a avaliação a uma fotografia, que é, e ao mesmo tempo não é, uma reprodução da realidade.

ALVES, L. A. S.; JUNQUEIRA, S. R. A. (Org.). *Educação Religiosa*: construção da identidade do ensino religioso e da pastoral escolar. Curitiba: Champagnat, 2002.

O livro é uma obra coletiva do Grupo de Pesquisa Educação e Religião da Pontifícia Universidade Católica do Paraná – PUCPR, no seu segundo ano de produção científica, apresentando o resultado de algumas de suas pesquisas, práticas e reflexões.

No capítulo Ensino Religioso, um histórico processo, o prof. Dr. Sérgio Junqueira apresenta o Ensino Religioso a partir de uma reflexão histórica, apontando também aspectos legais polemizados ao longo de sua recente história como componente curricular.

As prof.as Deusa Rodrigues Fávero e Alecy Luciana da Silva Vesgerau discorrem, no segundo capítulo, sobre a concepção de Ensino Religioso a partir da Lei de Diretrizes e Bases da Educação Nacional (9.394/1996) e apresentam os dados da sua pesquisa sobre o Ensino Religioso no Colégio Marista de Londrina.

No capítulo O projeto pastoral no Colégio Marista Paranaense, apresentado pelos profs. Ademir Carlos Rovani, Carmen Lucia Carnieri, Kleberson M. Rodríguez e Silvio Duda, vemos a proposta de pastoral dessa instituição e a sua identidade pedagógica, cuja essência é definida pela proposta educativa de Marcelino Champagnat, a qual consiste em "formar bons cristãos e virtuosos cidadãos".

O capítulo Plano estratégico do núcleo de Pastoral do Colégio Marista de Maringá – 2001 a 2006 apresenta as necessidades concretas percebidas pelo núcleo de pastoral desse colégio, quando da proposição do Ensino Religioso como componente curricular. O capítulo é assinado pelos profs. Vanderlei Siqueira dos Santos, Vilmor Sarturi, Raphael Goeldner Mattosinho e Wilson Rocha.

No capítulo V, a jornalista Juliane Martins trata de internet e religião, discorrendo sobre os meios de comunicação do público católico, alvo de sua pesquisa. A autora pesquisou aspectos como visitação, perfil do público e motivação para se fazer um sítio religioso.

No último capítulo, O fenômeno religioso e as culturas, o prof. Ms. Luiz Alberto Sousa analisa a relação entre cultura e religião e as implicações que advêm dessa relação, além de lançar um olhar sobre a religiosidade atual.

OLENIKI, M. L. R.; DALDEGAN, V. M. Encantar: uma prática pedagógica do Ensino Religioso. Petrópolis, RJ: Vozes, 2003.

Apresentando o Ensino Religioso como área de conhecimento, as autoras trazem propostas ao professor de Ensino Religioso, no exercício de sua prática pedagógica, para a socialização, envolvimento e interação do educando com o conhecimento religioso. Essas propostas são possibilidades para que o professor desafie os alunos a buscar esse novo saber, a tecer comparações, a investigar e a (re)descobrir a beleza das diferenças, sempre a partir de seu contexto histórico-social. Tratam também da identidade religiosa do professor e do aluno e sugerem conteúdos e encaminhamentos metodológicos a partir da proposta da LDBEN nº 9.394/1996.

OLIVEIRA, L. B. et al. Ensino Religioso no ensino fundamental. São Paulo: Cortez, 2007.

Refletindo e compreendendo o Ensino Religioso, que, articulado com as demais disciplinas, pode contribuir para a construção de outra visão de mundo, de ser humano e de sociedade, essa obra apresenta alguns referenciais para que essa disciplina vá além do caráter confessional ou catequético. Considerando o contexto histórico-cultural dessa área de conhecimento, os autores abordam o Ensino Religioso no cenário internacional e, a partir de uma perspectiva da escolarização, apresentam-no como componente curricular. Tratam, portanto, do objeto e dos objetivos, do conteúdo e da metodologia, bem como da identidade e da formação do professor de Ensino Religioso. Considerando o religioso como uma dimensão humana que vai além da superfície dos fatos, acontecimentos, gestos ritos, normas e formulações, esse livro tem muito a contribuir para que aqueles que atuam nessa área possam colaborar na vivência de valores e práticas sociais indispensáveis aos exercícios de uma vida de cidadania plena.

Respostas das Atividades

Capítulo 1
Atividades de Autoavaliação
1. D
2. A
3. C
4. D
5. A

Atividades de Aprendizagem
Questões para Reflexão
Espera-se que as questões propostas colaborem na compreensão de que a dimensão religiosa vai além da superfície dos fatos, acontecimentos, gestos, ritos, normas e formulações e que, portanto, a convivência com a pluralidade religiosa contribui para o desenvolvimento da cidadania plena.

Capítulo 2
Atividades de Autoavaliação
1. A
2. B
3. B
4. C
5. B

Atividades de Aprendizagem
Questões para Reflexão
A criação de um espaço educativo que será o lugar de construção dos saberes parte da abertura do professor para o diálogo. As questões propostas permitem a reflexão de como estimular o senso crítico do aluno de maneira a garantir o direito de conhecer novas perspectivas e, assim, valorizar e respeitar as diferenças.

Capítulo 3
Atividades de Autoavaliação
1. D
2. C
3. A
4. C
5. B

Atividades de Aprendizagem
Questões para Reflexão
O ser humano é rico e complexo, e, para compreendê-lo, é preciso considerar todos os aspectos que contribuem para essa complexidade. Nesse sentido, não é possível dispensar o aspecto da religiosidade para que a educação, uma das mais complexas operações humanas, dê-se de forma efetiva.

Capítulo 4
Atividades de Autoavaliação
1. A
2. B
3. D
4. D
5. B

Atividades de Aprendizagem
Questões para Reflexão
Em algumas situações, percebemos a clara interferência dos sentimentos religiosos, fundamentando o agir dos indivíduos, assumindo, muitas vezes, a forma de condução do cotidiano. Dessa forma, não se pode ignorar e ver a religião de maneira simplista.

Capítulo 5
Atividades de Autoavaliação
1. A
2. B
3. D
4. B
5. A

Atividades de Aprendizagem
Questões para Reflexão
A seriedade do Ensino Religioso aponta para a necessidade de uma formação do professor que possibilite uma visão dessa área do conhecimento que vá além da exposição de valores, garantindo uma atuação que leve à criação de um espaço privilegiado de reflexão.

Capítulo 6
Atividades de Autoavaliação
1. D
2. C
3. B
4. B
5. A

Atividades de Aprendizagem
Questões para Reflexão
O diálogo, a reflexão, a pesquisa e a troca entre os pares, de maneira crítica e politizada, são fundamentais na formação cidadã. Assim, espera-se que as aspirações e os conhecimentos de todos os sujeitos envolvidos no processo da educação sejam levados em conta.
O Ensino Religioso, articulado com as demais áreas do conhecimento, pode auxiliar os alunos a agir de maneira dialógica e reverente ante as diferentes expressões religiosas.

Sobre os autores

EDILE FRACARO RODRIGUES É MESTRE em Educação pela Pontifícia Universidade Católica do Paraná – PUCPR (2008) e graduada em Curso Superior de Formação de Professores (2004) pela mesma instituição. É coordenadora e revisora pedagógica do Ministério Igreja em Células e autora de materiais didáticos para Educação Infantil e Ensino Fundamental e para a disciplina de Ensino Religioso. É membro integrante do Grupo de Pesquisa Educação e Religião – GPER.

SÉRGIO JUNQUEIRA É GRADUADO EM Ciências Religiosas pelo Instituto Superior de Ciências Religiosas – ISCR (1987), em Belo Horizonte, MG, e em Pedagogia pela Universidade de Uberaba – Uniube (1990), especialista em Metodologia do Ensino Superior pelo Centro de Estudos e Pesquisas Educacionais de Minas Gerais – CEPPEMG (1993) e em Metodologia do Ensino Religioso pela Pontifícia Universidade Católica de São Paulo – PUCSP (1998), além de mestre (1996) e doutor (2000) em Ciências da Educação pela Universidade Pontifícia Salesiana de Roma (Itália). Líder do Grupo de Pesquisa Educação e Religião (GPER), atuou como consultor de secretarias municipais e estaduais de educação, conselhos estaduais de educação e associações de educação confessional. É autor de artigos e livros sobre Ensino Religioso publicados no Brasil e na Comunidade Europeia.

Os papéis utilizados neste livro, certificados por instituições ambientais competentes, são recicláveis, provenientes de fontes renováveis e, portanto, um meio responsável e natural de informação e conhecimento.

FSC
www.fsc.org
MISTO
Papel produzido
a partir de
fontes responsáveis
FSC® C103535

Impressão: Reproset
Fevereiro/2023